# SEÑOR, ENSÉÑANOS A ORAR

Roberto Pasolini

# SEÑOR, ENSÉÑANOS A ORAR

## El arte de la oración

SAN PABLO

© SAN PABLO 2024
Protasio Gómez, 11-15. 28027 Madrid
Tel. 917 425 113 - Fax 917 425 723
E-mail: secretaria.edit@sanpablo.es - www.sanpablo.es
© Edizioni San Paolo s.r.l., Cinisello Balsamo (Milán) 2023
www.edizionisanpaolo.it

Título original: *Iniziazone alla preghiera*
Traducción: José Antonio Pérez Sánchez, SSP

*Distribución:* SAN PABLO. División Comercial
Resina, 1. 28021 Madrid
Tel. 917 987 375 - Fax 915 052 050
E-mail: ventas@sanpablo.es
ISBN: 978-84-285-7060-2
Depósito legal: M. 2.479-2024
Impreso en LiberDigital
Printed in Spain. Impreso en España

# Introducción

La oración no es difícil, es imposible. Si nos tomamos en serio la fractura originaria de la que habla el libro del Génesis, debemos partir del hecho de que el diálogo entre el hombre y su Creador se precipita hacia un abismo de malentendidos y complicaciones. Sin embargo, dos datos nos pueden dar un consuelo inmediato. El primero es que, desde la Antigüedad, los seres humanos han sentido el profundo deseo de dirigirse a Dios con diferentes formas de ritos, palabras, cantos y oraciones. La oración existe desde siempre y cada una de las experiencias religiosas la ha codificado de una forma libre o estructurada que ha marcado la existencia de millones de hombres y mujeres a lo largo de los siglos. Podríamos decir que la interrupción brusca de la relación no ha eliminado ese anhelo tan invisible y, al mismo tiempo, tan enraizado en las fibras del corazón humano.

El segundo y óptimo dato es que, después de la Resurrección de Cristo, nosotros creemos que ha comenzado una nueva y definitiva creación, dentro de la cual suceden cosas imposibles para las solas fuerzas humanas, y sin embargo posibles para el humilde poder del amor de Dios. En la lista de estas novedades, accesibles gracias al don de la salvación, a la oración le corresponde ciertamente un lugar de honor. Al no poder soportar ya la distancia que se había creado entre nosotros y Él, Dios no se ha conformado con acercarse a nuestra humanidad, poniendo en fuga el miedo y la vergüenza. Ha querido insuflar en nuestro pecho su Espíritu de amor, para reanimar esa confianza tan necesaria para existir ante Él como hijos e hijas amados. Frente a los cuerpos que tenían el riesgo de «morir» por haber extraviado su origen y su destino, Dios ha acercado sus labios a los nuestros, devolviéndonos, ante todo, la posibilidad de mirarnos a la cara y de volver a hablar en un clima de confianza recuperada.

Este es, de hecho, el misterio de la oración: la variedad de palabras, expresiones, posturas y silencios con los que nosotros y Dios permanecemos en un diálogo de amor fundado en el respeto de la libertad recíproca. Un diálogo tan misterioso para quien cree que nunca lo ha experimentado, como familiar para quien ha aprendido ya a sumergirse en él con la espontaneidad del corazón y el coraje de la inteligencia. Las páginas de este libro pretenden ser una humilde y, esperamos, útil herramienta para iniciarse en un arte del que hoy, quizás más que en cualquier otro momento, se advierte una profunda nostalgia y un nuevo interés. Cuando se comprende y se vive como debe ser, la oración es la última libertad que el corazón humano anhela. Detenernos y tomar tiempo para sintonizarnos con el sentido profundo de nuestra vida es el gesto más libre y necesario que podemos realizar. La oración es lo único realmente necesario, pero no puede ser sino una experiencia absolutamente gratuita, liberada de cualquier coacción. La parte más hermosa de la vida, a la que nadie puede obligarnos y de la que nadie nos puede separar.

# 1
# Para comenzar

## Empezar de cero

En los siglos que han precedido y definido la época en que vivimos, las cosas eran muy sencillas y, aparentemente, bastante claras y definidas. Se rezaban oraciones por la mañana y por la tarde, los domingos y solemnidades se iba a Misa y, de vez en cuando, en algunas épocas del año, también se rezaban oraciones especiales como el Rosario, el Viacrucis y, si queríamos exagerar, incluso la Adoración eucarística. A esto se añadían novenas, procesiones, peregrinaciones y otras muchas iniciativas encaminadas a reavivar el sentido cristiano de la vida. Así se había organizado el viejo continente, cuna de aquel cristianismo que durante dos mil años ha acompañado y marcado la vida del mundo a la luz del Evangelio de Cristo.

En ese contexto todos, de alguna manera, se referían a Dios en medio de sus actividades. No solo aquellos que se detenían a orar de vez en cuando. También quien escribía libros, reflexionaba sobre la realidad o gobernaba la vida pública no podía elaborar ningún discurso en el que Dios estuviera completamente ausente. No necesitamos, ni es posible, reconocer qué parte de esta realidad era auténtica o era más bien una situación que la gente vivía de manera forzada, como un marco cultural al que no podían dejar de adherirse. Es cierto que ese mundo, donde la oración era una de las actividades cotidianas que los hombres y mujeres hacían sin hacerse demasiadas preguntas, ya no existe desde hace mucho tiempo.

El vacío creado por la progresiva desaparición de la oración de la rutina diaria se ha ido llenando paulatinamente con nuevas actividades en las que las personas se dedican al cuidado de sí mismas. Todos vemos cómo, en las grandes y pequeñas ciudades, una parte importante de las horas de la mañana y de la tarde se utiliza para realizar actividades físicas o deportivas, hacer cursos de yoga o ejercicios de *mindfulness*, perfeccionar alguna actividad creativa o artística o participar en cursos de formación útiles para mejorar la calidad de la vida o del trabajo. Luego, cuando la mente se cansa demasiado, debido a una vida muy libre, pero también mucho más frenética que en el pasado, la verdad es que el sacerdote no es la persona a la que se tiene como referencia. Terapeutas y consejeros son los nuevos guías en los que se confía en una época en la que la dimensión psicológica ha asumido un papel esencial en la sensibilidad de todos.

En el seno de la Iglesia y de las grandes tradiciones religiosas, se habla de todo esto como de una crisis espiritual sin precedentes, que oscila entre sentimientos de abatimiento y resignación. Quizás exista la posibilidad de interpretar este momento no solo como algo negativo, sino también como una gran oportunidad, en la que quien desea ofrecer a la oración la ocasión de encontrar un lugar en su propia vida pueda hacerlo con gran libertad, empezando desde cero.

La posibilidad de empezar desde una base nueva, libre de imposiciones y esquematismos, concierne además a otra dimensión específica de la oración, que podríamos definir como la capacidad de elaborar y dar un sentido profundo –espiritual– a lo que se vive. Cuando la sociedad estaba enteramente organizada en torno a la reflexión cristiana sobre la realidad, no había necesidad de pensar si algo estaba bien o mal, si había que aprovechar o rechazar una oportunidad. Bastaba con confiar en la moral dominante, con la que uno podía orientarse fácilmente en la mayoría de los casos. Esta forma de proceder, basada en conocimientos ya establecidos, era muy tranquilizadora, porque permitía no tener que cuestionarse continuamente ante las diversas situaciones. Es la parte buena y útil de todo lo que, con el tiempo, se transforma en cultura y se transmite como sabiduría de vida.

En la era posmoderna en la que nos encontramos, esta base referencial ya no existe. La realidad es libre de manifestarse en toda su complejidad, líquida y matizada, impidiéndonos distinguir inmediatamente el color y la bondad de las cosas que nos suceden. El desarrollo de los instrumentos tecnológicos y la rapidez de los movimientos y las transformaciones culturales han echado por tierra los fragmentos de un puzle que, durante siglos, había garantizado un paradigma que se podía consultar para asignar a las cosas un valor cierto y compartido.

Ahora que las cosas ya no parecen tener un significado unívoco, nos encontramos ante una tarea nueva y estimulante, que necesita esa inteligencia especial que puede surgir de la oración. Se trata de acercarse humildemente a la realidad para buscar su significado más profundo, permitiendo que la revelación de Dios en Cristo ilumine nuestra capacidad de leer e interpretar toda situación desde la perspectiva de un amor más grande. Orar, en efecto, no significa solo dialogar con Dios, sino confrontarse con su manera de valorar y pensar las cosas. La oración no puede concebirse únicamente como un flujo de sensaciones o de informaciones entre el cielo y la tierra. Cuando se ora auténticamente, no se puede menos de entrar en un espacio de discernimiento radical, a veces dramático, que nos obliga a revisar nuestra forma de pensar sobre Dios, sobre nosotros mismos, sobre los demás y sobre la realidad que nos rodea.

Este, al menos, es el sentido de la oración cristiana, sobre la que intentamos decir algo en estas páginas, siendo conscientes de que en una disciplina tan delicada y compleja no existen consejos universales ni improvisaciones fáciles. Quien quiera intentar entrar en el misterio de la oración filial, la que el Señor Jesús enseñó con su vida y luego hizo accesible a todos mediante el don de su Espíritu, derramado sobre nuestra humanidad, debe prepararse para un largo y arduo adiestramiento. Hay dos grandes baños de verdad a los que hay que estar dispuesto:

• El primero es el que va hacia lo más profundo de nuestro corazón. San Pedro, en una carta del Nuevo Testamento, describe esta misteriosa intimidad a través de una expresión singular, que alude de verdad a su experiencia personal: «la profunda humanidad del corazón» (1Pe 3,4). Para madurar la imagen de nosotros mismos, que nuestro corazón conoce y guarda, es necesario estar dispuestos a admitir la verdad de lo que somos, alejándonos progresivamente del ideal de lo que nos hubiera gustado ser. El itinerario recorrido por Pedro es el destino al que todo camino de oración orienta a quien a él se dedica con sinceridad y fidelidad. Cuanto más nos sumergimos en la oración, más debemos estar dispuestos a reconocer nuestras luces y nuestras sombras, suspendiendo cualquier juicio fácil.

• El segundo baño de realidad en el que nos sumerge la oración se refiere, en cambio, a la identidad de Dios. Si bien escudriñar el rostro del Todopoderoso es uno de los deseos más arraigados en el alma humana, hay que estar dispuestos a aceptar que su imagen puede revelarse de forma muy diferente a lo que son nuestras expectativas: menos hostil de lo que tememos, pero también menos poderoso de lo que ingenuamente pensamos.

El aspecto más sublime y traumático de estas dos inmersiones está representado por el hecho de que el orante, avanzando en la penumbra de su itinerario de oración, descubrirá que no es posible separar la imagen de Dios de la de nuestra humanidad. Esta, en última instancia, es la gran verdad a la que la oración nos lleva lentamente: descubrir y aceptar que la relación entre nosotros y Dios, por herida y descuidada que esté, es viva y real. En las *Florecillas* se cuenta que Francisco de Asís, en el monte Alverna, antes de recibir el sello de los estigmas, estuvo orando a Dios durante mucho tiempo con estas palabras: «¿Quién eres tú, dulcísimo Dios mío? ¿Qué soy yo, vil gusano e inútil servidor tuyo?».

## Empezar desde el corazón

Normalmente, cuando alguien reza, lo hace empezando por la boca, por los ojos o los oídos. Hay quienes comienzan a recitar fórmulas, palabras o versos que se encuentran en la Sagrada Escritura, en antologías de oración o en libros de devoción. Otros, en cambio, intentan ojear, leer o inspeccionar textos de meditación de diversa índole: comentarios sobre la Palabra, reflexiones espirituales e imágenes sagradas. Para muchos es más fácil y cómodo ponerse unos auriculares y escuchar *podcasts*, vídeos, grabaciones en las que se habla de Dios de una forma fresca, conmovedora y convincente. Todos ellos son puntos de partida útiles e inteligentes, por los que no podemos menos que empezar para introducirnos en un espacio que sentimos que aún no conocemos, aunque lo imaginemos como un lugar en el que podríamos sentirnos muy a gusto.

Si aceptamos la revelación atestiguada por las Escrituras, descubrimos que el órgano responsable de la actividad de la oración se llama en realidad «corazón». Este término indica hoy algo muy diferente de lo que afirma la tradición bíblica y, más en general, todas las culturas y religiones antiguas. Para nosotros el corazón coincide o con la inteligencia discursiva a la que solemos dar el nombre de «razón», o con la parte más inmediata y superficial de la dimensión afectiva que llamamos «sentimiento» o «emoción». Según la Sagrada Escritura, el corazón se sitúa en un nivel más profundo que estas dos facultades indispensables y parciales con las que habitualmente medimos y evaluamos la realidad de las cosas. Los autores espirituales, los santos y los místicos hablan del corazón como el punto más profundo y secreto de nosotros mismos o, viceversa, como el punto más alto de nuestra personalidad, la cumbre de nuestro ser, criaturas a imagen y semejanza de Dios.

Cuando estamos inmersos en nuestras ocupaciones diarias, todos, por lo general, desconocemos que tenemos semejante fuente interior. Aunque nos guste concebirnos como personas espirituales y profundas, vivimos nuestro tiempo metidos en un dinamismo psicosomático que nos deja a merced —a menudo como rehenes— de nuestros sentidos más externos. Oscilamos continuamente entre razonamientos de los que nos sentimos convencidos y sentimientos que consideramos auténticos e imprescindibles. Mientras tanto, el corazón, con su capacidad de captar las cosas a un nivel más profundo, está adormilado, duerme con los ojos abiertos, esperando que encontremos la manera de reunirnos con su sensibilidad herida, pero viva.

Afortunadamente –o, mejor dicho, gracias a Dios–, desde el día de nuestro Bautismo nuestro corazón está ya inmerso en un estado incesante de oración. Aunque no nos demos cuenta, el Espíritu Santo que ha sido derramado en nosotros, en el momento en que nuestra vida ha sido injertada en la vida de Cristo, se ha apoderado suavemente de nuestro corazón, convirtiéndose en el aliento de nuestro aliento. Él es el autor incansable de una oración que ya se está desarrollando en silencio, como dice san Pablo:

El Espíritu acude en ayuda de nuestra debilidad, pues nosotros no sabemos pedir como conviene; pero el Espíritu mismo intercede por nosotros con gemidos inefables. Y el que escruta los corazones sabe cuál es el deseo del Espíritu, y que su intercesión por los santos es según Dios (Rom 8,26-27).

Cualquier iniciación a la oración no tiene más finalidad que la de ayudarnos a tomar conciencia de esta savia vital, haciéndonos disfrutar de un don que hemos recibido, del que no podemos dejar de hacernos responsables y partícipes.

Para permitir que esta oración ya presente en nosotros emerja a la superficie de la conciencia, rociando todas nuestras facultades y haciendo vibrar el cuerpo al ritmo de sus deseos, primero debemos comprender mejor qué es el corazón y qué dificultades se nos presentan para alcanzar sus misteriosas profundidades.

Leyendo los Salmos de la Biblia descubrimos que el corazón es esa zona fronteriza entre nosotros y Dios, donde tenemos la posibilidad de ser percibidos tal como somos: «Señor, tú me sondeas y me conoces. Me conoces cuando me siento o me levanto [...]. Sondéame, Señor, y conoce mi interior, ponme a prueba y conoce mis pensamientos» (Sal 139,1-2.23). Es la sede en la que reposa nuestro deseo profundo, que Dios no ve el momento de poder satisfacer (cf. Sal 21,2-3). Es la fuente de todos los actos en los que nosotros tenemos la posibilidad de manifestarnos como personas.

El corazón tiene necesidad, sin embargo, de ser «circuncidado», cortado y entregado a su destino de amor: «El Señor, tu Dios, circuncidará tu corazón y el de tus descendientes para que le ames al Señor, tu Dios, con todo tu corazón y con toda tu alma, y así vivas» (Dt 30,6). En efecto, también podemos separarnos de esta identidad profunda, cayendo en la hipocresía, como antiguamente señalaban los profetas a nuestros padres: «Este pueblo me alaba con la boca, y me honra con los labios, mientras su corazón está lejos de mí» (Is 29,13). En este alejamiento de Dios, el corazón se endurece hasta volverse insensible, de piedra. Solo queda esperar un proceso de curación que lo haga volver a latir al ritmo del amor:

Derramaré sobre vosotros un agua pura que os purificará: de todas vuestras inmundicias e idolatrías os he de purificar; y os daré un corazón nuevo, y os infundiré un espíritu nuevo; arrancaré de vuestra carne el corazón de piedra, y os daré un corazón de carne. Os infundiré mi espíritu (Ez 36,25-27).

La venida de Cristo en la carne de nuestra humanidad nos ha devuelto la esperanza de que en este lugar nadie se sienta ya atrapado por un sentimiento de culpa:

En esto conoceremos que somos de la verdad y tranquilizaremos nuestro corazón delante de Él, en caso de que nos condene nuestro corazón, pues Dios es mayor que nuestro corazón y lo conoce todo. Queridos, si el corazón no nos condena, tenemos plena confianza ante Dios (1Jn 3,19-21).

El mayor esfuerzo en la oración, después de que Dios se haya revelado como amor radical al hombre, ya no consiste en elevarse a un nivel alto e ideal para poder encontrarlo, sino en aceptar empezar y volver a empezar siempre desde el punto real en el que nuestra vida se encuentra. Una enseñanza presente en la Ley, retomada varias veces por Jesús, dice: «Amarás, pues, al Señor, tu Dios, con todo tu corazón, con toda tu alma y con todas tus fuerzas» (Dt 6,4). Según una traducción diferente y posible del texto, el mandamiento podría sonar así: «Amarás al Señor, tu Dios, *en* todo tu corazón, *en* toda tu alma y *en* todas tus fuerzas». La sutil diferencia genera un nuevo significado. La relación de amor con Dios, en la que se profundiza también por medio de la oración, no se concede solo cuando todo nuestro corazón es puro y está dirigido a Él. En sus contradicciones y sombras, el corazón es y sigue siendo el único espacio de intimidad posible entre nosotros y Dios.

Si se nos permite una imagen, quizás un poco atrevida, podríamos definir el corazón como ese «banco» colocado en lo más profundo de nuestro ser, en el que sabemos que siempre podemos sentarnos, para descubrir a nuestro lado la presencia invisible y respetuosa de un Dios que nunca está lejos ni es ajeno al misterio de nuestra vida. Estamos seguros de esto después de que Dios, en la cruz de

Cristo, nos haya mostrado cómo nuestra tiniebla nunca puede oscurecer esa luz de respeto y misericordia que Él ha encendido en nosotros.

Encaminarse y descender hacia el corazón es, por tanto, el objetivo último de todo camino y de cualquier técnica de oración. Hay mucho en juego y no conviene tener prisa por ver resultados fáciles e inmediatos. Se trata de entrar en una gran lucha, para intentar ganar la batalla más crucial, esa contra nuestra costumbre de considerarnos pobres y abandonados, cuando ahora sabemos que nos han sumergido en un misterio de comunión de amor:

Al vencedor le daré el maná escondido, y una piedrecita blanca, y escrito en ella un nombre nuevo, que nadie conoce sino aquel que lo recibe (Ap 2,17).

Descubrir quiénes somos ante los ojos de Dios y convertirnos en intérpretes felices de esta condición inesperada es la meta a la que el camino de la oración quiere llevarnos.

## Darnos algunas reglas

Si queremos introducirnos en el arte de la oración, el primer paso que hay que dar es despertar el corazón. Para ello no es necesario elevar a la fuerza el nivel de nuestros pensamientos, ni escurrir el paño siempre húmedo de los sentimientos para dejar caer unas gotas de emoción. Al hacerlo caeríamos fácilmente en molestas distracciones o en sentimentalismos engañosos. El fruto espiritual de la oración no debe producirse de manera forzada, sino acogerse como una savia que fluye en nuestro interior y es capaz de intensificar los pensamientos y los sentimientos que experimentamos, orientándolos hacia Dios.

La oración no es una cuestión de técnicas o tutoriales a seguir. Es el encuentro delicado e íntimo entre la voz de nuestra alma y el corazón misericordioso de Dios. Como todo encuentro que se precie, también el que acontece en la oración necesita no solo ser fuertemente deseado, sino también estar adecuadamente preparado. Cuando dos o más personas se toman un tiempo para hablar y conocerse, siempre hay costes, complejidades e imprevistos de los que es bueno ser conscientes para no desanimarse demasiado pronto.

Por ejemplo, cuando empezamos a orar, lo primero que merece la pena definir es fijar un *tiempo* adecuado y posible para hacerlo todos los días. Es necesario establecer el momento preciso para dedicarlo a la oración, con la misma constancia y fidelidad con la que acudimos cada día al trabajo, a pesar del cansancio, los achaques o las dificultades inesperadas. Nuestros días comienzan con una serie de pequeñas rutinas a las que somos muy fieles: el rito del café, el desayuno, lavarnos la cara y los dientes, echar un vistazo soñoliento a las noticias del día, leer los mensajes del teléfono. La oración merece entrar con todo derecho a formar parte de esta rutina, como una necesidad diaria a la que no podemos renunciar bajo ninguna circunstancia.

Por eso, cuando elegimos la oración, debemos ser muy concretos y definir en qué momento del día nos puede resultar más fácil vivir el encuentro con el Señor. Para algunos, es preferible por la mañana temprano, nada más levantarse, cuando la mente está más libre y menos agobiada por lo vivido durante el día. Otros, en cambio, consiguen concentrarse más por la noche, cuando la oscuridad y el silencio contribuyen a crear cierto clima de recogimiento y paz. Entre ambos momentos, quizás, el de la mañana presenta mayores ventajas, sobre todo si se mira con una perspectiva de medio-largo plazo. De hecho, el espacio nocturno no siempre está garantizado. Puede suceder que asistamos a una cena o a un evento, que estemos en compañía de amigos, que estemos viendo una película y luego lleguemos cansados a la cama, sin tener ya esas condiciones interiores de calma que la oración requiere para realizarla. Por el contrario, la mañana es un momento más seguro para despertar el corazón y sintonizarse con el espíritu que vive en él. No solo porque por la mañana estamos más frescos y descansados, sino también porque nadie puede prohibirnos despertarnos unos minutos antes y dedicar las primicias del día al precioso gesto de la oración. También Jesús parecía tener preferencia por esa hora del día: «Se levantó de madrugada, cuando todavía estaba muy oscuro, se marchó a un lugar solitario y allí se puso a orar» (Mc 1,35).

La actitud del Maestro, que se retira para orar, nos recuerda lo importante que es también la elección del *lugar*. Si queremos orar en casa, es útil «retirarnos» a un rincón donde las distracciones se reduzcan al mínimo, en un lugar mínima y decorosamente «amueblado», por ejemplo, donde tengamos la Biblia, un icono sagrado o un crucifijo. Es importante que este ambiente sea lo más tranquilo y silencioso posible. Ya tenemos un enorme ruido interno que silenciar; si, además, se añaden los ruidos externos, será difícil distinguir el susurro de Dios en nuestra alma. Si queremos ser pragmáticos y realistas, especialmente cuando estamos al inicio de un itinerario de oración, no debemos pasar por alto la posibilidad de ir a orar a un lugar que no sea donde vivimos: una iglesia cercana a nuestra casa o lugar de trabajo, un jardín o un parque que se encuentra en el camino por donde pasamos todos los días... En este sentido, recordemos la dramática experiencia del profeta Elías. Obligado por la reina fenicia Jezabel a huir al desierto, después de haber «eliminado» –literalmente– a todos los profetas de Baal que ella misma había introducido en Israel, Elías debe recorrer un largo camino antes de llegar a su cita con Dios en el monte Horeb. Aquí, dentro de una cueva donde encuentra descanso y protección, el profeta no puede llegar a la presencia del Señor hasta que todos sus sentidos y sus fantasmas se hayan calmado definitivamente:

> Entonces pasó el Señor y hubo un huracán tan violento que hendía las montañas y quebraba las rocas ante el Señor, aunque en el huracán no estaba el Señor. Después del huracán, un terremoto, pero en el terremoto no estaba el Señor. Después del terremoto fuego, pero en el fuego no estaba el Señor. Después del fuego el susurro de una brisa suave (1Re 19,11-13).

Antes de ofrecernos consuelos e iluminaciones especiales, los tiempos y lugares de oración nos sirven para purificar toda presencia ingenua e imaginaria de Dios, para poder encontrarlo finalmente dónde y cómo Él está realmente.

La *posición del cuerpo* es otro aspecto importante a definir, porque la dimensión física de la persona también está llamada a participar en la oración. Por tanto, es bueno encontrar una postura que no sea demasiado cómoda para evitar quedarse dormido, ni demasiado incómoda para evitar el riesgo de perder la concentración. Se podría, por ejemplo, comenzar a orar poniéndonos de rodillas durante unos minutos, para tomar conciencia de que estamos en presencia del Señor. Luego se puede invocar al Espíritu Santo que, como hemos visto, es el verdadero motor –que ya está encendido– de nuestra oración. Para el resto del tiempo, lo mejor es vivir el tiempo de oración en esa posición en la que podamos permanecer tranquilos, sin demasiados movimientos, durante el mayor tiempo posible, luchando contra la pereza, primer enemigo de toda oración auténtica. La reflexión sapiencial de la Escritura conserva enseñanzas muy lúcidas al respecto:

> Ve a observar a la hormiga, perezoso, fíjate en sus costumbres y aprende. No tiene capataz, ni jefe ni inspector; pero reúne su alimento en verano, recopila su comida en la cosecha. ¿Hasta cuándo dormirás, perezoso?, ¿cuándo te sacudirás la modorra? Un rato duermes, otro dormitas, cruzas los brazos y a descansar. ¡y te llega la miseria del vagabundo, te sobreviene la pobreza del mendigo! (Prov 6,6-11).

Estas actitudes «preliminares», necesarias para una oración que no quiera ser ocasional, sino fiel y perseverante, son indispensables para construir en nosotros dos actitudes. La primera es la vigilancia. Dice un salmo:

> Oh Dios, tú eres mi Dios, por ti madrugo, mi alma está sedienta de ti; mi carne tiene ansia de ti, como tierra reseca, agostada, sin agua. [...] En el lecho me acuerdo de ti y velando medito en ti, porque fuiste mi auxilio y a la sombra de tus alas canto con júbilo. Mi alma está unida a ti, y tu diestra me sostiene (Sal 63,2.7-9).

La vigilia es la actitud típica de alguien que permanece despierto por un motivo considerado importante. Para un cristiano, consciente de la venida y del retorno de Cristo, velar no significa más que vivir el tiempo de cada día como una preparación incesante al encuentro con un Dios ya conocido como amigo y esposo. Un gran monje místico, que vivió en el siglo pasado, resumió su vida de oración con estas ardientes palabras: «Exiliados, en el fondo de la soledad, viviendo como quienes escuchan, centinelas en las fronteras del mundo, esperamos el regreso de Cristo» (Thomas Merton). Cuando oramos nos trasladamos a un tiempo en el que nos abstenemos de hacer otras cosas importantes, para intentar masticar un alimento que no conocemos pero que puede nutrir nuestra alma. Vivir en estado de vigilia significa tener una relación reconciliada, bendita y resuelta con el tiempo. Mientras corramos en mil direcciones, utilicemos el tiempo para hacer diez mil cosas y nunca encontremos el tiempo y el lugar para detenernos y escuchar, nuestra oración no podrá comenzar.

La segunda actitud por la que vive la oración es la gratuidad. La imagen bíblica en la que fijarse podría ser la del patriarca Noé, que en un tiempo oscuro y sin soluciones fáciles, siente la necesidad de hacer un gesto decididamente contracorriente: construir un arca para ofrecer a su propia vida, a la de sus seres queridos y a la del cosmos, un auténtico espacio de salvación ante la amenaza de un posible diluvio. Noé trabaja de antemano, preparando un futuro que aún no se vislumbra, pero que el corazón intuye inminente. La oración tiene todas estas características: es un trabajo humilde, fatigoso y revolucionario, que nos exige paciencia para realizarlo fielmente, no para obtener resultados visibles e inmediatos, sino para construir una morada para Dios en este mundo, ante todo en nosotros mismos. San Francisco exhortaba a sus frailes a la oración con estas palabras:

> Y construyamos siempre dentro de nosotros una casa y una morada permanente para aquel que es el Señor Dios todopoderoso, Padre e Hijo y Espíritu Santo, y que dice: «Velad, pues, y orad en todo tiempo...» (*Regla no bulada*, XXII).

## Ponernos a la escucha

Una vez aclaradas las reglas del juego, comienza la parte más bella y desafiante del camino de oración. Es necesario empezar a aplicarlas, sin caer en fáciles optimismos, cuando hay momentos de consuelo, y sin desanimarnos en los tiempos de aridez prolongada, que nunca faltan en todo camino humano. Lo último que hay que aclarar respecto a qué es razonable esperar de la experiencia de oración se refiere al tipo de escucha que acontece en ella. Como todos estamos muy centrados y concentrados en nosotros mismos y cuando empezamos a orar tenemos la impresión de estar haciendo algo, podríamos tener la idea de que quien habla somos nosotros y quien escucha es Dios. Esta es la ilusión predominante sobre lo que es la oración: un diálogo con Dios en el que la mayor parte la hacen las cosas que nosotros podemos y debemos decirle. Afortunadamente, las cosas son exactamente al revés. Lo aclaró Jesús en los evangelios de manera inequívoca:

Cuando recéis, no uséis muchas palabras, como los gentiles, que se imaginan que por hablar mucho les harán caso. No seáis como ellos, pues vuestro Padre sabe lo que os hace falta antes de que lo pidáis (Mt 6,7-8).

La advertencia con la que Jesús introduce la oración del Padrenuestro es muy clara: Dios no necesita que le señalemos nuestras urgencias, porque Él ya las conoce muy bien. Surge entonces la pregunta: ¿para qué orar?

Ya en el Antiguo Testamento, Dios nos había dejado entender cuál es la primera y fundamental actitud a adoptar cuando estamos ante Él: «Escucha, Israel» (Dt 6,4). Cuando oramos, no es tanto Dios quien tiene que escucharnos. Somos más bien nosotros los que podemos escuchar lo que Dios, en el misterio de su ser y de su voluntad, querrá revelarnos. Surge así la paradoja de toda forma de oración cristiana: nosotros leemos o pronunciamos palabras con el fin de oír más atentamente esa voz de Dios que ya habita en nosotros.

Una vez aclarado y aceptado este misterio, donde las partes se intercambian, dispensándonos de la gran carga de tener que expresarnos correctamente ante Dios, comienzan a aparecer maravillosas sorpresas. El profeta Isaías está convencido de que, si permitimos que Dios nos hable, el resultado está más que garantizado:

Como bajan la lluvia y la nieve desde el cielo,
y no vuelven allá, sino después de empapar la tierra,
de fecundarla y hacerla germinar,
para que dé sementera al sembrador

y pan al que come,
así será la palabra, que sale de mi boca:
no volverá a mí vacía,
sino que culminará mi deseo
y llevará a cabo mi encargo
(Is 55,10-11).

¿Por qué Dios está tan convencido de que su Palabra es capaz de realizar lo que Él desea? ¿No está la historia de la humanidad suficientemente llena de pruebas de lo contrario, puesto que los seres humanos parecen estar muy lejos de comportarse de manera justa, fraterna y solidaria? ¿Quizás Dios simplemente tiene una gran confianza en su capacidad para comunicar bien lo que tanto le importa? La explicación que Jesús ofrece de la famosa parábola del sembrador nos obliga a reconocer que, detrás de ese gran optimismo, no se esconde solo la confianza de Dios en sí mismo, sino también la que tiene en nosotros y en nuestra capacidad de escucha:

Si uno escucha la Palabra del Reino sin entenderla, viene el Maligno y le roba lo sembrado en su corazón. Esto significa lo sembrado al borde del camino. Lo sembrado en terreno pedregoso significa el que escucha la Palabra y la acepta enseguida con alegría; pero no tiene raíces, es inconstante, y en cuanto viene una dificultad o persecución por la Palabra, enseguida sucumbe.

Lo sembrado entre abrojos significa el que escucha la Palabra; pero los afanes de la vida y la seducción de las riquezas ahogan la Palabra y queda estéril. Lo sembrado en tierra buena significa el que escucha la Palabra y la entiende; ese da fruto y produce ciento o sesenta o treinta por uno (Mt 13,19-23).

Jesús explica que, cuando Dios habla, nos suelen suceder tres cosas. O mejor, cuatro. La primera es que no entendemos y, por tanto, no conseguimos retener su Palabra. La segunda es que nos detenemos en las emociones que sentimos y, cuando dejamos de sentir, parece que todo se ha acabado. La tercera eventualidad es que estemos tentados a encerrarnos en nuestro egoísmo y bienestar justamente cuando la palabra de Dios comienza a dar algún fruto en nosotros. No comprender, no sentir, no poder amar: cuando nos suceden estas cosas, generalmente nos sentimos desacertados y nos encerramos en la tristeza y en el sentido de culpa. El evangelio, sin embargo, nos dice que estas tres cosas suceden precisamente porque Dios nos está hablando y nosotros lo estamos escuchando.

Se trata de una enorme revelación que deberíamos intentar tomarnos en serio. Si escuchar la palabra de Dios significa experimentar nuestra –temporal– incapacidad para responder a ella, quizás ya estemos totalmente inmersos en el misterio de la oración, sin siquiera ser conscientes de ello. Esta es una maravillosa noticia que, de repente y de manera definitiva, amplía los horizontes de este arte espiritual tan difícil y, sin embargo, tan natural. Quizás este fue precisamente el propósito último de la parábola de Jesús, en la que al final se menciona una cuarta y última situación que se da al escuchar la Palabra. Aludiendo a la tierra buena, Jesús parece decir que, a pesar de las dificultades, somos una tierra capaz de dar el gran fruto de una libre y feliz expansión de nuestra humanidad. Este es el objetivo al que nos quiere llevar la oración: escuchar tanto y tan bien la voz de Dios que nos permita descubrir que el fruto más maduro de nuestra vida no es algo que tengamos que conquistar o defender laboriosamente. Es un don que madura en el silencio y con el tiempo, con generosidad y obstinación. A nosotros nos corresponde solo acogerlo y guardarlo, con todo nuestro corazón. Conocer y asumir este destino es aprender a orar.

# 2
## Sabernos habitados

## Acoger

Si el objetivo de la oración consiste en dejar que nuestro corazón escuche la palabra de Dios para después (cor)responder a ella, hay una experiencia a la que mirar si queremos comprender mejor cómo es posible ser protagonistas de este místico diálogo. Es la historia de María de Nazaret, a la que el Todopoderoso aborda con delicada discreción, pero también con gran decisión, cuando quiere revelar al mundo su plan universal de salvación. El pasaje de la Anunciación, representado con diversos matices por los artistas a lo largo de los siglos, es un verdadero paradigma capaz de mostrar en qué consiste una manera inteligente y libre de estar en oración ante ese Dios deseoso de hablar al corazón de nuestra humanidad:

En el mes sexto, el ángel Gabriel fue enviado por Dios a una ciudad de Galilea llamada Nazaret, a una virgen desposada con un hombre llamado José, de la casa de David; el nombre de la virgen era María (Lc 1,26-27).

La situación de María está ya muy bien definida. Vive en Nazaret, un pueblo como muchos otros, situado al norte de Israel. Ha sido prometida como esposa a un hombre perteneciente a la prestigiosa casa de David, cuyo nombre es José. A pesar de ser joven, su existencia es un libro ya parcialmente escrito, marcado y guiado por decisiones que otros han tomado por ella. Precisamente en esta tierra cae la semilla de la palabra de Dios.

Esta nota nos proporciona una preciosa indicación para cuando nos preparemos para vivir un tiempo de oración. Como ya hemos dicho, es necesario preparar el momento del encuentro con el Señor, liberando el tiempo y el espacio de todo lo que pueda obstaculizar la escucha atenta del corazón. Sin embargo, no es necesario, más aún, es imposible, eliminar nuestras coordenadas existenciales, que muchas veces percibimos como un estorbo o un ruido de fondo que nos impide orar. Se trata de un malentendido que merece ser aclarado adecuadamente. Es natural que, cuando empezamos a orar, en los primeros minutos en los que intentamos guardar silencio, nuestra vida con todos sus problemas y preguntas abiertas nos persiga ansiosamente, dándonos la impresión de estar distraídos o ser superficiales. Esta experiencia es perfectamente normal que suceda, porque la oración debe realizarse precisamente allí donde nos encontramos existencialmente. En nuestra historia y en nuestro pellejo: ahí es donde Dios quiere hacer oír su voz.

Luego se describe a María como virgen. Este adjetivo no define solo su condición biológica, sino también su actitud interna. La virginidad no denota solo ese sello inicial que se pierde –o se dilapida– a lo largo de la vida, sino también esa profundidad donde seguimos siendo capaces de (escuchar la voz de) Dios, a pesar de las heridas y fracasos que hayamos acumulado. Es la parte de nosotros en la que la semilla de Dios, es decir, su Palabra, aún no ha podido –pero podrá– encontrar una cálida demora y una acogida feliz. En efecto, ser vírgenes no significa solo ser puros, sino, sobre todo, descubrirnos preparados para concebir una nueva vida. La virginidad es una apertura del corazón que tenemos la responsabilidad de salvaguardar y construir siempre.

Una gran mística, que vivió en el siglo pasado, comentando la oración del Padrenuestro, decía que cuando rezamos deberíamos «aceptar que el futuro sea virgen y esté intacto, rigurosamente vinculado al pasado con lazos que ignoramos, pero completamente libre de los lazos que nuestra imaginación cree imponerle; aceptar la posibilidad de que el futuro se haga realidad y, especialmente, que nos suceda cualquier cosa y que el mañana haga de toda nuestra vida pasada algo estéril y vano» (Simone Weil). La oración necesita un corazón virgen, libre de todos los condicionamientos del pasado y abierto a las cosas nuevas del futuro. Un corazón dispuesto, en el presente, a dejarse penetrar y abrir. Esta es la madurez que exige la oración: una disponibilidad, confiada pero no ingenua, a dejarnos «romper» por el poder de Dios con vistas a un incremento de vida, que su providencia es capaz de hacer germinar en nosotros, en la medida en que estemos dispuestos a acogerla:

El ángel, entrando en su presencia... (Lc 1,28).

La tradición iconográfica de este episodio nos hace imaginar inmediatamente la entrada del ángel en casa de María, totalmente dedicada a meditar sobre las promesas de Dios a Israel. Sin embargo, conviene saber que, según los testimonios de algunos evangelios apócrifos (como el Protoevangelio de Santiago y el Evangelio del Pseudo-Mateo), antes de la Anunciación en casa, habría habido otra, junto al pozo, donde María estaba llenando un cántaro de agua. Por eso, más que en un acontecimiento puntual y circunscrito, se podría pensar en la Anunciación como en un proceso lento y gradual de apertura a la palabra de Dios, que la Virgen habría experimentado durante el tiempo de su compromiso con José.

Esta hipótesis se vería confirmada también por la forma en que el evangelista describe el acercamiento del ángel a María: «*entrando* en su presencia». Lucas utiliza un verbo (*eisérchomai*) que en griego significa «moverse, entrar en un espacio o dentro de una condición». La tarea del ángel, por tanto, no parece ser solo la de entrar en un lugar físico, sino la de entrar en el corazón de María, sin forzar de ningún modo las puertas de su disponibilidad. Esto es, efectivamente, lo que se debe hacer en todo momento de oración: la palabra de Dios, traída por el ángel, necesita entrar en lo más profundo de nosotros mismos, en ese lugar donde el diálogo con Dios puede desarrollarse en un clima de libertad mutua.

Esta etapa de la oración es quizás una de las más delicadas de todo el itinerario. Cuando se ignora, el proceso de asimilación de la Palabra que Dios quiere comunicarnos se ve comprometido y la oración corre el riesgo de no realizarse. La entrada en nosotros de la palabra de Dios es un acontecimiento maravilloso, pero también traumático, comparable al momento en que una aguja o un cuchillo atraviesa nuestra piel, provocando turbación y dolor. Exactamente así lo imagina el autor de la Carta a los hebreos, cuando intenta describir el efecto que la palabra de Dios produce en la carne de nuestro corazón:

La palabra de Dios es viva y eficaz, más tajante que espada de doble filo; penetra hasta el punto donde se dividen alma y espíritu, coyunturas y tuétanos; juzga los deseos e intenciones del corazón. Nada se le oculta; todo está patente y descubierto a los ojos de aquel a quien hemos de rendir cuentas (Heb 4,12-13).

La palabra de Dios actúa en nosotros como una espada, afilada, penetrante, capaz de alcanzarnos en el alma, en el centro de nosotros mismos, donde todas nuestras articulaciones físicas y psicológicas logran estar juntas en un equilibrio frágil pero posible. Este lugar tan íntimo, y a menudo tan extraño, incluso a nuestra conciencia, es precisamente nuestro corazón, donde nuestra verdadera identidad a los ojos de Dios está desnuda y es perfectamente reconocible.

Hay en nosotros una resistencia a dejarnos encontrar precisamente aquí, porque intuimos que el equilibrio existencial al que nos hemos acostumbrado y adaptado podría verse cuestionado. Habiendo heredado de Adán el instinto de ocultación, el primer gran esfuerzo que afrontamos en la oración es el de permitir que Dios pose su mirada sobre nuestra desnudez. Tememos este acontecimiento porque puede hacer colapsar de repente todas nuestras certezas y hacernos perder el control de nuestra vida. Al mismo tiempo, deseamos fuertemente este encuentro, porque intuimos bien que solo dentro de una mirada que viene de arriba sabremos reconocer finalmente nuestra vida con otra luz, la que es capaz de hacer nuevas todas las cosas. También las páginas de nuestra vida.

## Dejarse decir

Una vez que hemos acogido la novedad de una Palabra que desde fuera pretende poder llegar hasta nosotros en lo profundo del corazón, la aventura de la oración se desarrolla en una dinámica de escucha. Incluso en este caso no faltan insidias y dificultades, porque se trata de permitir que una voz externa –tal vez percibida incluso como un poco extraña– revele algún rasgo de nuestra personalidad del que aún no somos plenamente conscientes:

> «Alégrate, llena de gracia, el Señor está contigo». Ella se turbó grandemente ante estas palabras y se preguntaba qué saludo era aquel (Lc 1,28-29).

La Anunciación a María comienza con un imperativo tan hermoso como paradójico. Si la alegría es la condición que todos queremos vivir el mayor tiempo posible, también es cierto que es un sentimiento difícil de improvisar cuando no lo tenemos. Por el contrario, si nuestro corazón está lleno de alegría no podemos dejar de manifestarlo exteriormente. Entonces, ¿por qué le ordena a la Virgen que se alegre?

La respuesta no tarda en llegar. El ángel reconoce a María como una criatura llena de gracia, súper afortunada, llena de cosas recibidas como don. Y él la «obliga» a darse cuenta. Es la misma «sensación» que experimenta Jesús en el momento del Bautismo, cuando oye la voz del cielo que dice: «Tú eres mi Hijo amado, en ti me complazco» (Mc 1,11). Así como Jesús se siente amado, elegido, custodiado por la mirada del Padre, así María es invitada por el ángel a percibirse como algo agraciado y agradable a los ojos de Dios. La voz angelical culmina en la maravillosa promesa –que hay que creer totalmente– de que entre la joven de Nazaret y el Todopoderoso no hay ninguna distancia: «El Señor está contigo».

Pero ante la noticia de las noticias, María entra en una gran turbación. El evangelista la describe fuertemente alterada, como una barca sacudida y agitada por un repentino maremoto. ¿Por qué esta reacción después de escuchar una Palabra de complacencia, llena de confianza y amor? ¿Cómo podríamos reaccionar nosotros cuando el Señor nos dirigirá su Palabra? ¿Nosotros, que ni siquiera tenemos un corazón tan límpido como el de María? ¿Por qué parece tan difícil dejar que otro hable bien de nosotros, sin caer en la aprensión y el apuro?

Hay esencialmente dos razones, de las que solo la primera puede referirse también a María. Seguimos turbados por las palabras de benevolencia porque el amor no es un evento que se dé por supuesto, sino una instancia nueva cada vez que acontece. La certeza de ser amados no se adquiere nunca de una vez por todas. Cada día –quizás incluso cada momento– necesitamos sentirnos reconocidos y acogidos por lo que somos. Es un pan fresco que nuestro corazón necesita masticar siempre. El temor de María ante el ángel puede explicarse, ante todo, como una gran sorpresa ante un reconocimiento que, por deseable que sea, no puede menos que desconcertarnos cada vez que se produce, porque es libre y gratuito.

La segunda razón por la que podemos turbarnos cuando alguien habla bien de nosotros no concierne tanto a María, sino a nosotros que, teniendo el corazón destrozado por el pecado original, tenemos una enorme dificultad para dejar atrás todos los juicios y las miradas que nos han definido. Nos hemos acostumbrado tanto a una pequeña –a veces pésima– idea de nosotros mismos que somos incapaces de abrirnos a una percepción renovada y mejor de nuestra identidad. Estamos acostumbrados a mirarnos no con los ojos de Dios, sino con los ojos exigentes de los demás o con los ojos despiadados de nosotros mismos. Por eso, tan pronto como Dios intenta decirnos cómo nos percibe su corazón, nos tienta caer inmediatamente en la duda o, peor aún, en el cinismo. No logramos creer una noticia que es demasiado buena para ser verdad. Es como si la palabra de Dios estuviera tratando de escribir en una hoja de papel donde ya se han acumulado y organizado a lo largo del tiempo muchas otras declaraciones, dejando poco espacio para afirmaciones posteriores.

Podríamos imaginarnos a Dios hablándonos como un pintor de casas cuyo esfuerzo inicial consiste en quitar el revoque de las paredes de nuestro corazón, antes de poder pintarlas con nuevos y maravillosos colores.

Hojeando las páginas de la Biblia, nos damos cuenta de que esta ha sido la obra paciente y ordenada que realizaron durante siglos los profetas, cuando hablaban al corazón de Jerusalén, anunciando la buena nueva del amor infinito de Dios, que se ha hecho concreto y universal en Cristo. Cuando Israel tenía que levantarse y encontrar nuevamente la esperanza, después de las amargas experiencias de la idolatría y el exilio, Dios enviaba a los profetas para quitar el yeso de la desesperación y la resignación:

Ya no te llamarán «Abandonada»,
ni a tu tierra «Devastada»;

a ti te llamarán «Mi predilecta»,
y a tu tierra «Desposada»,
porque el Señor te prefiere a ti,
y tu tierra tendrá un esposo (Is 62,5).

Sentirse abandonados, incluso devastados, después de las pruebas y los sufrimientos de la vida es una experiencia que todos conocemos. Sin embargo, el Señor dice enérgicamente que el fracaso no es nuestro destino, la miseria no es nuestra identidad última. A los ojos de Dios seguimos siendo siempre una realidad deliciosa, como una esposa amable y deseable, lista para florecer de nuevo:

«Levántate, amada mía,
hermosa mía, y vente».
Paloma mía, en las oquedades de la roca,
en el escondrijo escarpado,
déjame ver tu figura,
déjame escuchar tu voz:
es muy dulce tu voz
y fascinante tu figura (Cant 2,13-14).

Las palabras de amor del Cantar de los cantares van precisamente en esta dirección, estimulando nuestra conciencia a redescubrir una mirada de admiración por lo que somos, a pesar de lo que –tal vez– hayamos sido. Al presentarse como Esposo,

Dios nos revela que nosotros somos verdaderamente algo amable, nuestra voz una dulce melodía, nuestra figura un verdadero encanto:

Y ahora esto dice el Señor, que te creó, Jacob,
que te ha formado, Israel:
«No temas, que te he redimido,
te he llamado por tu nombre, tú eres mío.
Cuando cruces las aguas, yo estaré contigo,
la corriente no te anegará;
cuando pases por el fuego, no te quemarás,
la llama no te abrasará.
Porque yo, el Señor, soy tu Dios;
el Santo de Israel es tu salvador.
Entregué Egipto como rescate,
Etiopía y Saba a cambio de ti,
porque eres precioso ante mí,
de gran precio, y yo te amo.
Por eso entrego regiones a cambio de ti,
pueblos a cambio de tu vida» (Is 43,1-4).

Frente al temor de valer poco o nada, los profetas a veces tenían que lanzarse a exageradas y apasionadas palabras de amor. Tras las imágenes que utiliza Isaías para convencer a un pueblo de que no interrumpa su camino hacia la Tierra Prometida, podemos descubrir una noticia realmente increíble: Dios está dispuesto a hacer por nosotros verdaderas locuras, hasta dar todo lo que tiene. Incluso a su propio Hijo, como hemos descubierto cuando en la historia humana ha llegado la plenitud de los tiempos:

¿Puede una madre olvidar al niño que amamanta,
no tener compasión del hijo de sus entrañas?
Pues, aunque ella se olvidara, yo no te olvidaré
(Is 49,15).

¿Por qué se comporta Dios así con nosotros, que, en cambio, parece que estamos tan distraídos o somos contrarios a este amor suyo? No solo porque Él sea bueno, sino porque nosotros, a sus ojos, somos literalmente algo inolvidable. Dios simplemente no puede olvidarse de nosotros después de habernos creado semejantes a Él. La fuerza de este sentimiento es para nosotros una noticia impactante, difícil de creer, porque en nuestras relaciones humanas a menudo nos sentimos abandonados, olvidados o dejados de lado. Incluso por las personas más cercanas y queridas. Y entonces empezamos a pensar que somos algo malo o equivocado. O que el amor, el verdadero amor, no existe:

Venid entonces, y discutiremos
–dice el Señor–.
Aunque vuestros pecados sean como escarlata,
quedarán blancos como nieve;

aunque sean rojos como la púrpura,
quedarán como lana (Is 1,18).

Incluso frente a esta sospecha, Dios tiene una Palabra que ofrecernos: estamos invitados a discutir con Él el valor de lo que somos, más allá de las sensaciones e impresiones que podamos haber desarrollado con el tiempo.

Estas son solo algunas de las Palabras que Dios ha tratado de gritar a lo largo de los siglos al corazón de Israel. Las mismas palabras se repiten en nuestro corazón cada vez que oramos a través de su Palabra eterna, que habita en nosotros con su Espíritu. Son Palabras de amor, de confianza, de esperanza, con las que el Señor quiere ayudarnos, ante todo, a volver a enfocar la verdadera imagen de nosotros mismos, quitando el revoque de los juicios, las sospechas y los silencios que con el tiempo han podido calificarnos.

También nosotros, como la Virgen María, debemos aprender a medirnos y a interrogarnos con estas Palabras inesperadas. En el fuego lento de esta confrontación, se desarrolla y continúa en nosotros la oración.

## Pasar por el miedo

El itinerario recorrido por María revela una etapa crucial de la oración, aquella en la que la voz de

Dios debe remover necesariamente todos aquellos juicios que se han sedimentado y estratificado en nosotros a lo largo del tiempo. Antes de consolar y fortalecer nuestro corazón, Dios necesita limpiarlo de las heridas que en él se han ido acumulando. Lo hace cuestionando todas esas mentiras que nos han llevado a creer en una imagen mutilada y debilitada de nosotros mismos, por lo que acogemos con recelo y miedo toda buena noticia.

María no está exenta de cierto miedo en su experiencia de escucha y el ángel se pone en diálogo con este sentimiento legítimo y comprensible, explicándole que no hay que sentirse amenazados cuando Dios habla y propone:

> El ángel le dijo: «No temas, María, porque has encontrado gracia ante Dios» (Lc 1,30).

El miedo es una emoción primaria que nos es necesaria: nos advierte de los peligros, estimula nuestros movimientos de supervivencia, nos aleja de situaciones en las que podemos hacernos o hacer daño. Pero también es un fantasma capaz de asustarnos, un monigote de papel maché que nos obliga a huir cada vez que la vida nos pide, simplemente, abrirnos a algo nuevo y desconocido. María está invitada a no escuchar (demasiado) esta emoción necesaria porque, en realidad, la voz angélica la está guiando justamente al centro de su deseo más profundo: Dios le está hablando de lo que ella misma estaba buscando. Se trata seguramente de una sorpresa en la escena de la Anunciación, que nos permite comprender algo importante que sucede en el espacio de la oración.

La palabra que Dios nos dirige no es ajena a la que nosotros llevamos mucho tiempo buscando y esperando escuchar. Es más, el anuncio de Dios es la mejor encarnación de nuestros deseos más auténticos. Esto no significa que Dios venga simplemente a confirmar nuestras expectativas. Esto reduciría la oración a la peor sospecha que filósofos y pensadores de todos los siglos han indicado siempre: el grave riesgo de que la vida espiritual sea solo una ilusión, más aún, la proyección de nuestras necesidades. Oferta y demanda se encuentran en la oración cuando el diálogo se mueve al nivel de la gracia, es decir, en el espacio de las cosas libres y gratuitas. Descubrir y aferrar la gracia mientras oramos significa acoger a Dios como lo que realmente es: un Artista maravilloso capaz de hacer de nuestra vida una obra maestra de amor. En efecto, el proyecto que el ángel dibuja ante los ojos encantadores y encantados de María es una imagen maravillosa, capaz de dejar sin aliento a cualquiera.

Concebirás en tu vientre y darás a luz un hijo, y le pondrás por nombre Jesús. Será grande, se llamará Hijo del Altísimo, el Señor Dios le dará el trono de David, su padre; reinará sobre la casa de Jacob para siempre, y su Reino no tendrá fin (Lc 1,31-33).

La misión es verdaderamente grande y audaz: el riesgo de no ser comprendida por nadie, incluso de ser juzgada por todos (como adúltera) es muy serio y probable. Sin embargo, el ángel no parece que tenga intención de ofrecer tranquilidad alguna sobre los riesgos a los que expone la llamada de Dios. Cuando hacemos nuestras oraciones a Dios, nos gustaría recibir aliento y tranquilidad. Es como cuando nos ponemos unos auriculares para escuchar esas canciones capaces de estimular nuestras emociones más inmediatas. Dios prefiere derribar el muro de nuestros miedos recorriendo otro camino, más comprometedor pero también más fructífero.

En la oración, el Señor no nos dice que la vida será un paseo fácil y seguro, no niega siquiera los riesgos a los que podemos enfrentarnos si seguimos su voluntad. Nos anuncia, en cambio, con gran franqueza, todo el bien que Él quiere hacer en nosotros, en la medida en la que estemos dispuestos a convertirnos en guardianes de su promesa.

María se deja atraer con suma naturalidad por esa estrategia, activando una herramienta absolutamente indispensable en el arte de la oración: la santa curiosidad.

Y María dijo al ángel: «¿Cómo será eso, pues no conozco varón?» (Lc 1,34).

La oración nos sirve para reconocer y explicitar las preguntas más auténticas que se encuentran dentro de nosotros. Este fruto parcial y necesario de cada momento de oración no es en modo alguno algo que haya que dar por hecho. Las pruebas a las que nos expone la vida a menudo tienen el efecto nocivo de silenciar o inhibir nuestra capacidad de pedir. Nos volvemos demasiado tímidos al pedir, no porque seamos educados y reservados, sino porque ya no nos atrevemos a creer que nuestra vida puede convertirse –o volver a ser– regazo de cosas nuevas y hermosas. La costumbre de no atreverse y de no pedir, tanto en las relaciones humanas como en la oración, atestigua cuánta resignación y desilusión pueden arraigarse en el corazón con el paso del tiempo.

María le hace al ángel una pregunta porque parece tener fe en que eso de lo que Dios le está hablando será realmente posible. Su forma de orar la ha acostumbrado a pensar bien de Dios, incluso cuando sus palabras parecen un poco excesivas y casi increíbles. Muchas veces nuestra oración se detiene precisamente en este punto, cuando en el silencio de una recíproca libertad tratamos de pedir más palabras para poner a Dios en condiciones de revelarnos plenamente lo que pretende hacer con nosotros.

En este delicado pasaje nos puede suceder que interrumpamos la oración o que caigamos en la fácil tentación de distraernos pensando en cosas más banales y ligeras. Tememos no solo lo que Dios pueda pedirnos, sino también descubrir qué sueños ocultos dentro de nosotros pueden aún encontrar la manera de hacerse realidad a través de la fidelidad de su amor:

El ángel le contestó: «El Espíritu Santo vendrá sobre ti, y la fuerza del Altísimo te cubrirá con su sombra; por eso el Santo que va a nacer será llamado Hijo de Dios» (Lc 1,35).

La respuesta del ángel no es la más exhaustiva que se pueda recibir, pero sí es, sin duda, muy evocadora. No se le explica a la Virgen cómo podrá engendrar la carne del Hijo de Dios, solo se le anuncia que el Espíritu Santo será su fiel guardián durante todo el viaje, como lo hace una nube cuando da sombra desde arriba a lo que hay en la tierra. La Virgen intuye que no solo su corazón está henchido con un proyecto maravilloso, sino que también sus espaldas están cubiertas por una fuerza superior y fiel, la de Dios. Este sentirse descubierta en los deseos profundos y, al mismo tiempo, cubierta en los legítimos temores, permite a María prolongar la oración, permaneciendo en diálogo con el ángel del Señor.

También nuestra oración evoluciona y continúa en la medida en que logramos superar el miedo a intuir lo que se cuece en la olla de los planes de Dios para nosotros. Interrogar a los pensamientos que surgen en los momentos en los que escuchamos silenciosamente al Espíritu es la mejor manera de darnos cuenta de con quién estamos realmente hablando. En los momentos de oración, la cadena de razonamientos que se desarrolla en nosotros es a menudo una alternancia caótica de intuiciones espirituales y valoraciones humanas. Interrogar y profundizar lo que más nos toca y nos conmueve es la única oportunidad que tenemos para permitir que Dios siga hablando a nuestro corazón.

## Liberar el deseo

Si queremos superar el miedo al que nos expone la experiencia de la oración, no podemos menos de cuestionar, es decir, verificar, eso que nos parece el murmullo de la voz de Dios en nuestro interior.

Además, se trata de una operación muy útil para no correr el riesgo de nivelar la oración solo a la medida de nuestra sensibilidad. Dios se nos revela gradualmente, en un clima de libertad y respeto mutuos, donde las preguntas son bienvenidas, cuando no pretenden generar duda o desconfianza. Es célebre la exhortación de san Pablo: «Nada os preocupe; sino que, en toda ocasión, en la oración y en la súplica, con acción de gracias, vuestras peticiones sean presentadas a Dios. Y la paz de Dios, que supera todo juicio, custodiará vuestros corazones y vuestros pensamientos en Cristo Jesús» (Flp 4,6-7).

Hacer a Dios peticiones explícitas es tan importante que algunos maestros espirituales sugieren hacerlo incluso al comienzo de la oración. Esto podría parecer prematuro si se hace con intención manipuladora. En la oración no se deberían imponer condiciones, sino hablar y confrontarse con total libertad. El motivo por el que pedir se considera, en cambio, importante, al principio, en el centro y al final de la oración, consiste en que no tenemos otra manera de educar nuestro deseo de arriesgarnos en nuestra relación con Dios que entrenarlo para manifestar su contenido de forma sencilla y concreta. La conclusión de la Anunciación a María nos ofrece una confirmación de ello:

María contestó: «He aquí la esclava del Señor; hágase en mí según tu palabra» (Lc 1,38).

Sintiéndose profundamente enredada e involucrada en el plan de Dios, María decide despedir al mensajero celestial a través de un verbo en forma optativa («hágase en mí»), con el que la lengua griega es capaz de expresar una proposición de deseo («quiera el cielo que», «ojalá»). María manifiesta así todo su entusiasmo por lo que ha sabido reconocer en su corazón como una palabra de Dios dirigida a ella. No inclina la cabeza con esa actitud de afectada humildad con la que muchas veces aceptamos las cosas fingiendo estar convencidos y felices. María no se hace de rogar ni se deja obligar, sino que asume felizmente lo que el ángel le propone que crea.

La oración es una verdadera gimnasia del deseo que pretende redimir nuestro corazón de toda parálisis y de todo temor: «Deseo de Dios, que nos empuja a vaciar nuestro corazón de malos deseos para llenarlo del deseo del bien, del bien supremo» (san Agustín).

Esto podría parecernos una extraña meta a la que la oración quiere llevarnos. Solemos pensar que, cuando entramos en relación con Dios, nuestra principal preocupación debería ser la de mostrarnos humildes, rebajar las expectativas para acoger dócilmente su voluntad. Por supuesto, hay algo de verdad también en esto, pero podemos decirlo solo con cierta cautela. Si entendemos demasiado ingenuamente la oración como un vaciamiento de nosotros mismos ante Dios, corremos el riesgo de entender la vida espiritual como un camino donde perdemos nuestra personalidad y herimos nuestra sensibilidad. Y eso nunca podrá ser lo que Dios quiere para nosotros.

La oración se nos da para cultivar la mejor imagen de nosotros mismos, la que Dios ama con locura y reconoce como propiedad suya. Ciertamente esto no agota el camino de la oración, que también debe sacarnos de la zona de confort de nuestras sensaciones y nuestros hábitos, pero este no es el primer objetivo de la oración.

Orar no significa doblegar a Dios a nuestras necesidades, ni doblegarnos nosotros mismos ante su infinita majestad. Significa, más bien, hacer todo lo posible para no olvidar que Dios y nosotros estamos unidos por un vínculo de fuerte amistad en el que cada uno debe, ante todo, sentirse libre de ser él mismo frente al otro. Las palabras de despedida de Jesús durante la Última Cena con sus discípulos no dejan lugar a malentendidos:

Nadie tiene amor más grande que el que da la vida por sus amigos. Vosotros sois mis amigos si hacéis lo que yo os mando. Ya no os llamo siervos, porque el siervo no sabe lo que hace su señor: a vosotros os llamo amigos, porque todo lo que he oído a mi Padre os lo he dado a conocer. No sois vosotros los que me habéis elegido, soy yo quien os he elegido y os he destinado para que vayáis y deis fruto, y vuestro fruto permanezca. De modo que lo que pidáis al Padre en mi nombre os lo dé (Jn 15,13-16).

Si no queremos correr el riesgo de perder el tiempo de la oración para desanimarnos o hundirnos en nuestros problemas, debemos aceptar la propuesta de hablar con Dios como se hace con un amigo. Se trata de bajar tanto en nuestro corazón, a través de la fuerza de gravedad de la Palabra, como para aceptar el hecho –siempre sorprendente– de que en el corazón del Altísimo parece haber una enorme, pero libre, necesidad de nosotros. María exclama «aquí estoy» porque es capaz de confrontarse con un Dios que la quiere para que traiga al mundo su salvación. Tampoco nosotros podemos dejar de entrar en la alegría de la oración con esta disponibilidad: revisar toda imagen fea de nosotros mismos para permanecer ante Dios con toda nuestra belleza. Porque es esta mirada de Dios sobre nosotros la que todavía nos cuesta tanto ver y creer, mientras que para Dios es ya una evidencia inquebrantable.

# 3
# Purificar la mirada

## Reconocer al padre

La oración cristiana, por su naturaleza, debería realizarse en un clima de gran sencillez. Más allá de las formas y de los métodos que se puedan utilizar, orar según el evangelio no es más que tomar en serio la libertad de llamar a Dios «Padre nuestro», confiando en el testimonio de Jesús. Pero en la realización de este diálogo se esconden no pocos escollos y complicaciones, porque acoger la paternidad divina requiere un corazón sencillo, capaz de confiar, que de ningún modo se puede improvisar. Esto es cierto especialmente en la edad adulta, cuando el desafío de volvernos –sin seguir siendo– pequeños requiere una conversión radical del corazón que, tal vez, ya no estamos acostumbrados a hacer.

Para hacer las cosas menos evidentes de lo previsto, existe también la costumbre de considerar la oración por excelencia, la del Padrenuestro, más como una fórmula para recitar que como una forma de oración que se debe asumir. Atestiguada en dos evangelios, el de Mateo y el de Lucas, en una estructura sintética y repetible –la que se utiliza, por ejemplo, en la Misa–, desde pequeños nos encontramos en nuestros labios con un puñado de palabras que corren el riesgo de ser entendidas más como una cantilena que como una manifestación del corazón. Entre otras cosas, si leemos atentamente el evangelio más antiguo, el de Marcos, descubrimos que la transmisión de esa familiaridad con Dios, que Jesús experimentaba en su oración, no se produjo mediante la enseñanza de una simple fórmula a sus discípulos. En el evangelio de Marcos falta el texto del Padrenuestro, mientras que hay varias ocasiones en las que los discípulos oyeron a Jesús dirigirse a Dios llamándolo con confianza «Padre» o «*Abba*», un término aún más cariñoso y familiar para invocar su paternidad. El momento más dramático, en el que Jesús pronunció esta oración ante sus discípulos fue el de la agonía en Getsemaní, ante la inminencia de su Pasión y muerte.

Por tanto, entendemos que orar a Dios llamándolo «Padre» no es, en modo alguno, un gesto simple, sino el fruto de un proceso exigente y doloroso en el que debemos aprender a reconocer su rostro, distinguiéndolo de cualquier otra imagen o falsificación.

No es casualidad que, en la Iglesia primitiva, la entrega de la oración del Padrenuestro se realizara solo después de un largo adiestramiento, en el que los neófitos eran probados y acompañados por quienes habían asimilado esta confianza en Dios como Padre mucho antes. Todavía hoy, por lo demás, cuando el sacerdote durante la Misa exhorta a la asamblea a ejercer el derecho bautismal de llamar a Dios «Padre nuestro», lo hace con palabras semejantes a estas: «Fieles a la recomendación del Salvador y siguiendo su divina enseñanza, nos atrevemos a decir». Esta exhortación final no pretende enfriar la familiaridad con la que podemos presentarnos a Dios, sino que nos recuerda lo arriesgado que es creer en la revelación de un Dios tan cercano y sensible a nosotros que puede ser entendido y llamarle realmente «Padre nuestro».

Cuando oramos no nos limitamos a conectar con el Dios invisible, con esa ligereza y superficialidad con la que intercambiamos mensajes entre nosotros o nos hablamos por teléfono. Orar significa siempre profundizar en una revelación que se nos ha hecho, comprobando hasta qué punto nuestro corazón es capaz de creer en ella y reconociendo también qué obstáculos se presentan en ello:

A Dios nadie lo ha visto jamás: Dios unigénito, que está en el seno del Padre, es quien lo ha dado a conocer (Jn 1,18).

Las palabras con las que Juan concluye el prólogo de su evangelio son una magnífica noticia, porque dicen que Dios ha dejado de jugar al escondite: hemos visto su rostro y descubierto su naturaleza. Al mismo tiempo, nos ponen en guardia contra las apropiaciones fáciles e ingenuas, porque se trata de una revelación, no de un concepto que haya que entender. Otra enseñanza de Jesús sobre este punto es aún más clara y explícita:

En aquel momento tomó la palabra Jesús y dijo: «Te doy gracias, Padre, Señor del cielo y de la tierra, porque has escondido estas cosas a los sabios y entendidos, y se las has revelado a los pequeños. Sí, Padre, así te ha parecido bien. Todo me ha sido entregado por mi Padre, y nadie conoce al Hijo más que el Padre, y nadie conoce al Padre sino el Hijo y aquel a quien el Hijo se lo quiera revelar» (Mt 11,25-27).

Aunque se ha revelado definitivamente en su naturaleza de amor, Dios mantiene su rostro bien guardado para quien se pone ante Él con la arrogancia de los sabios, mientras se deja encontrar de buena gana por los pequeños que aceptan construir en su interior un corazón manso y humilde. Al hacerlo, Dios no hace discriminaciones arbitrarias, sino que muestra una gran sensibilidad por nuestro camino hacia Él, sin forzar los tiempos de un reconocimiento que solo puede ocurrir en libertad. Este camino de reconocimiento del Padre, por mediación de Jesús, fue arduo incluso para los primeros testigos de su encarnación. Las reacciones de aquellos judíos que, por primera vez, intentaron confiar en Él y en su Palabra atestiguan lo difícil que era acoger a Dios como (un) Padre, incluso ante una gran evidencia de signos:

Ellos le preguntaban: «¿Dónde está tu Padre?». Jesús contestó: «Ni me conocéis a mí ni a mi Padre; si me conocierais a mí, conoceríais también a mi Padre» (Jn 8,19).

Ellos le decían: «¿Quién eres tú?». Jesús les contestó: «Lo que os estoy diciendo desde el principio. Podría decir y condenar muchas cosas en vosotros; pero el que me ha enviado es veraz, y yo comunico al mundo lo que he aprendido de Él». Ellos no comprendieron que les hablaba del Padre (Jn 8,25-27).

En algunas confrontaciones especialmente acaloradas y dramáticas, se entiende como si esta revelación de la paternidad de Dios estuviera incluso en el centro del proceso contra Jesús y lo condujera a su sentencia de muerte.

Los judíos, rodeándolo, le preguntaban: «¿Hasta cuándo nos vas a tener en suspenso? Si tú eres el Mesías, dínoslo francamente». Jesús les respondió: «Os lo he dicho, y no creéis; las obras que yo hago en nombre de mi Padre, esas dan testimonio de mí. Pero vosotros no creéis, porque no sois de mis ovejas. Mis ovejas escuchan mi voz, y yo las conozco, y ellas me siguen, y yo les doy la vida eterna; no perecerán para siempre, y nadie las arrebatará de mi mano. Mi Padre, lo que me ha dado es mayor que todo, y nadie puede arrebatarlas de la mano de mi Padre. Yo y el Padre somos uno». Los judíos agarraron de nuevo piedras para apedrearlo (Jn 10,24-31).

Es conmovedora la súplica de Felipe, uno de los doce, durante la Última Cena. Y muy tierna es la breve respuesta con la que Jesús intenta nuevamente mostrar al Padre a través de sí mismo:

Felipe le dice: «Señor, muéstranos al Padre y nos basta». Jesús le replica: «Hace tanto que estoy con vosotros, ¿y no me conoces, Felipe? Quien me ha visto a mí ha visto al Padre. ¿Cómo dices tú: "Muéstranos al Padre"? ¿No crees que yo estoy en el Padre, y el Padre en mí?» (Jn 14,8-9).

Durante su vida pública, Jesús se dio cuenta de que testimoniarnos y transmitirnos el rostro del Padre significaba purificar nuestro corazón de la oscuridad más arraigada y venenosa, la que nos lleva a imaginar un Dios lejano, indiferente y hasta hostil a nuestra vida:

> Pedid y se os dará, buscad y encontraréis, llamad y se os abrirá; porque todo el que pide recibe, quien busca encuentra y al que llama se le abre. Si a alguno de vosotros le pide su hijo pan, ¿le dará una piedra?; y si le pide pescado, ¿le dará una serpiente? Pues si vosotros, aun siendo malos, sabéis dar cosas buenas a vuestros hijos, ¡cuánto más vuestro Padre que está en los cielos dará cosas buenas a los que le piden! (Mt 7,7-11).

Son muy interesantes estas exhortaciones a orar con la misma confianza con la que buscamos y llamamos. Y, sin embargo, Jesús añade algunas consideraciones más que nos hacen comprender lo difícil que nos resulta creer en la paternidad de Dios. La propuesta de identificarnos con una figura paterna y pensar en cómo uno se comporta generalmente en esa condición es un puñetazo en el estómago para nuestra sensibilidad. A ningún padre, por muy marcado que esté por la maldad humana, se le ocurriría ignorar las peticiones de su hijo, dándole una piedra en lugar de pan o una serpiente en lugar de un pez. ¿Por qué –pregunta Jesús– nosotros en cambio, cuando oramos tenemos miedo de recibir de las manos de Dios exactamente lo contrario de lo que hemos pedido?

La pregunta solo admite una respuesta: porque la imagen de su paternidad, en nuestro corazón, está seriamente comprometida.

La compleja asimilación de Dios como Padre, bueno y providente, nos permite enfocar la oración no solo como el momento en el que nos limitamos a pedir lo que necesitamos, algo que además Dios ya sabe. Nunca deberíamos olvidar que, cuando oramos, estamos educando nuestro corazón a creer que la persona a quien hablamos es nuestro Padre. Alguien que realmente se preocupa por nuestra vida. Mucho más de lo que podemos imaginar o nos atrevemos a esperar.

## Razonar como hijos

Al centrarnos en la imagen del Padre, nos sucede que vivimos también otra experiencia notable. El Espíritu –que hemos asimilado como el verdadero autor de la oración– nos ayuda a realizar una transformación decisiva para el destino de nuestra humanidad. Sabemos que con el Bautismo nos convertimos en «hijos de Dios» porque, uniéndonos a Cristo, nos ha sido transferida, por pura gracia, su dignidad de Hijo. Esta identidad renovada es solo una semilla depositada en nosotros, que tenemos la tarea de salvaguardar y hacer crecer. Los primeros cristianos estaban tan convencidos de este destino que se exhortaban unos a otros con estas palabras:

> Queridos, ahora somos hijos de Dios y aún no se ha manifestado lo que seremos. Sabemos que, cuando Él se manifieste, seremos semejantes a Él, porque lo veremos tal cual es (1Jn 3,2).

En el siglo pasado, antes de que se diera el olvido de Dios en nuestra cultura, esta naturaleza filial se reconocía sin problemas en todas las criaturas, más allá de los signos sacramentales recibidos y de las pertenencias religiosas. Decir: «Todos somos hijos de Dios» significaba simplemente afirmar que todos hemos de concebirnos como iguales, con los mismos derechos y la misma dignidad. La primera Carta de Juan nos recuerda, sin embargo, que ser hijos de Dios es también un camino progresivo encomendado a nuestra responsabilidad. La oración es el instrumento más común con el que podemos afrontarlo, estando atentos a toda una serie de trampas.

En el Sermón de la montaña, Jesús afirma que la primera gran tentación para vivir como hijos es la de asumir solo la forma, pero no la esencia, de una confianza auténtica en Dios como Padre:

> Cuando oréis, no seáis como los hipócritas, a quienes les gusta orar de pie en las sinagogas y en las esquinas

de las plazas, para que los vean los hombres. En verdad os digo que ya han recibido su recompensa. Tú, en cambio, cuando ores, entra en tu cuarto, cierra la puerta y ora a tu Padre, que está en lo secreto, y tu Padre, que ve en lo secreto, te lo recompensará (Mt 6,5-6).

La advertencia no parece muy actual. De gente que hace alarde de sus oraciones hoy hemos pasado a plazas, e incluso iglesias, vacías. Sin embargo, puede resultar provocativa la sugerencia de vivir el gesto de oración en un lugar apartado, en nuestra habitación, incluso «en lo secreto». En una época en la que las cosas parecen tener valor solo si son públicas –más aún, publicadas– y vistas por los otros, saber que existe un tesoro reservado para quien se pone en un lugar aparte y vive algo al abrigo de cualquier mirada indiscreta es ciertamente una noticia intrigante.

¿Por qué dice Jesús que la oración debe hacerse en secreto? Quizás porque solo donde no hay más ojos mirándonos que los de Dios podemos descubrirnos tan libres como para poder despojarnos de todas las máscaras y mostrarnos finalmente como niños pequeños, frágiles y necesitados. Quien se aventura seriamente a la experiencia de la oración, tratando de cultivar un diálogo filial con Dios, se da cuenta de que no hay que dar nada por supuesto al asumir en serio –y de forma estable– este tipo de actitud. En la Carta a los romanos, el apóstol Pablo ha dejado unas palabras decisivas sobre este tema:

Cuantos se dejan llevar por el Espíritu de Dios, esos son hijos de Dios. Pues no habéis recibido un espíritu de esclavitud, para recaer en el temor, sino que habéis recibido un Espíritu de hijos de adopción, en el que clamamos: «¡Abba, Padre!». Ese mismo Espíritu da testimonio a nuestro espíritu de que somos hijos de Dios (Rom 8,14-16).

Presentarnos a Dios como hijos suyos es espléndido en teoría, pero en la práctica hace que nuestras rodillas tiemblen de miedo. Porque se trata de no ocultar más nuestra debilidad y de no huir más de nuestra vulnerabilidad. Esto explica por qué hoy la vida espiritual es tan ignorada y, al mismo tiempo, tan secretamente buscada. Si orar significa ponerse delante de Dios –y, por tanto, delante de nosotros mismos–, en actitud filial, entonces hay que desobedecer al imperativo –hoy tan extendido– de tener que mostrarnos siempre fuertes, exitosos y eficaces. Es importante pensar en la oración también en estos términos: un enorme, prolongado e insistente acto de desobediencia contra todo lo que, fuera y dentro de nosotros, nos obliga a ocultar lo que somos, en lugar de sacarlo a la luz para que finalmente pueda ser visto, conocido y amado. Por Dios, pero después, en el fondo, también por nosotros mismos.

Afortunadamente, en esta batalla interna, estamos apoyados y acompañados por la fuerza del Espíritu. San Pablo explica que, incluso cuando nuestra voz es débil o silenciosa, el Espíritu nunca es tímido y sigue gritando ese nombre –*Abba*, Padre– que es capaz de desgarrar el cielo y vincularnos a Dios, atestiguando a nuestro espíritu que lo que hemos comenzado a creer no es una ilusión, sino simplemente la verdad de nosotros mismos.

Perseverar en esta actitud es el gran secreto de la oración cristiana, que nos expone a una renovación incesante del modo de imaginar nuestra relación con Dios: «Y no os amoldéis a este mundo, sino transformaos por la renovación de la mente, para que sepáis discernir cuál es la voluntad de Dios, qué es lo bueno, lo que le agrada, lo perfecto» (Rom 12,2). Orar no significa perseguir sentimientos y emociones que nos hagan olvidar –aunque sea tal vez por un momento– las cargas de la vida. Es más bien razonar y modificar la manera de valorar la realidad y las cosas, aceptando que todo encuentra su sentido último en referencia a «un Dios, Padre de todos, que está sobre todos, actúa por medio de todos y está en todos» (Ef 4,6).

Y, sin embargo, más que abandonarnos a un diálogo cada vez más confidencial y sincero con el

Padre de toda la humanidad, en la oración conseguimos caer en muchos formalismos e hipocresías que pueden vaciarla de su alma. Orar a Dios como hijos significa acariciar la íntima convicción de poder recomenzar a vivir siempre con extrema libertad y naturalidad ante los ojos de un Padre que seguirá siéndolo hagamos lo que hagamos o nos suceda lo que nos suceda. Cuando uno descubre que tiene un Padre al que siempre puede volver, no se vuelve invencible. Sin embargo, nada ni nadie podrá vencerlo, porque su corazón se siente definitivamente seguro, reconocido por un amor grande y fiel.

Esta es la mentalidad que la oración necesita alimentar: una forma de razonar como hijos, que es el antídoto más eficaz contra toda forma de narcisismo y perfeccionismo. Ser (llegar a ser) hijos de Dios no es un premio reservado a una vida ejemplar, sino la gran dignidad a la que está destinado todo ser humano. Esto es lo que el Espíritu murmura dentro de nosotros: no las palabras con las que debemos convencer a Dios de nuestra buena fe, sino el canto de confianza que nunca podemos dejar de escuchar y cantar en el fondo de nuestra alma. A veces lo olvidamos y, ante los terrores de la vida y de la muerte, corremos el riesgo de caer en ese miedo que suscita en nosotros el pecado, que es el distanciamiento de nuestro espíritu del Espíritu de Dios.

Pero la voz del Espíritu no se cansa de repetirnos que Dios no se ha equivocado al querernos y amarnos. Ha sucedido realmente: a Dios le han nacido hijos y entre estos hijos estamos también nosotros. No sabemos exactamente lo que seremos un día. Pero ya es hermosísimo lo que podemos ser hoy: hijos amados, ciudadanos del cielo, memorias imborrables en el corazón de Dios. Así podemos vivir y así podemos orar.

## Ser impertinentes

La oración no es solo un sentimiento que hay que cultivar, sino también una mentalidad que debemos adquirir y en la que profundizar. Abandonarse a la paternidad de Dios y vivir en la libertad de los hijos de Dios son los dos caminos por los que nuestra vida puede aprender a transcurrir, aprovechando la fuerza y la luz que vienen también de los momentos de oración. Para comprobar si estas dos actitudes están arraigando en nosotros, Jesús ha tenido a bien dejarnos algunas enseñanzas que pueden ofrecernos más indicaciones para reflexionar sobre lo que se mueve en nuestro mundo interior. Algunas de ellas pueden ser una auténtica medicina capaz de curar ese extraño embarazo que experimentamos con gran puntualidad en esos momentos en los que nos vemos obligados a expresar a Dios nuestra necesidad:

> Suponed que alguno de vosotros tiene un amigo, y viene durante la medianoche y le dice: «Amigo, préstame tres panes, pues uno de mis amigos ha venido de viaje y no tengo nada que ofrecerle»; y, desde dentro, aquel le responde: «No me molestes; la puerta ya está cerrada; mis niños y yo estamos acostados; no puedo levantarme para dártelos»; os digo que, si no se levanta y se los da por ser amigo suyo, al menos por su importunidad se levantará y le dará cuanto necesite (Lc 11,5-8).

Para ilustrar el significado de la oración filial, según se la enseñó a los discípulos, Jesús contó una parábola en la que la palabra más recurrente es «amigo». Entre líneas se entiende inmediatamente el mensaje: se entra y se permanece en oración a partir de una relación de amistad, que Dios quiere establecer con cada uno de nosotros. Para Jesús este aspecto será tan importante que, poco antes de su muerte, decide llamar «amigos» a sus discípulos y confiarles todo lo que concierne a su relación de amor con el Padre (cf. Jn 15,15). Según el evangelio, se puede orar a Dios en la medida en que se acoge con amor su amistad y se está dispuesto a corresponder a ella con palabras y con la vida. Todo el significado de la parábola gira en torno a este tema y a las actitudes que hacen posible una verdadera amistad.

Hay tres amigos. El primero recibe la visita improvisada de un segundo amigo que regresa de un viaje. Como no tiene nada que ofrecerle, el primer amigo decide acudir a un tercer amigo, aunque ya es tarde. Este último no tendría ganas de levantarse, despertar a los niños para tener que acceder a la despensa, pero al final, seguro, lo hará. La razón es simple: el amigo que vino en medio de la noche insiste tanto que es imposible no acceder a su petición.

Surge espontáneamente una pregunta: ¿por qué insistir –hasta el punto de llegar a ser impertinentes– representa una cualidad en la oración, mientras que en la vida se considera un defecto y una falta de educación? Probablemente porque la insistencia de la que habla Jesús, que podemos resumir en pedir y molestar a un amigo, nace de la convicción de que siempre se puede sacar algo bueno, sin mérito y sin vergüenza, de la generosidad de su corazón. En efecto, la parábola dice exactamente esto. El amigo que regresa tarde de un viaje no tiene miedo de llamar a la puerta y pedir hospitalidad para pasar la noche. Este atrevimiento activa la misma actitud en el dueño de la casa, quien, a su vez, no tiene problema en acudir a otro amigo para pedirle la comida que no tiene, sabiendo que no quedará decepcionado de su demanda.

En definitiva, en este círculo virtuoso entre amigos lo que mueve las cosas y pone en circulación tanta preocupación es pensar bien unos en otros, en un clima de respeto y confianza mutuos. A partir de este sentimiento surge la posibilidad de ser impertinente sin resultar inapropiado. De hecho, cuando experimentamos la oportunidad de hacer algo bueno por un amigo, adquirimos la libertad de poner también a ese amigo en posición de poder hacer lo mismo por nosotros. Este es el significado de aquellas palabras del Apóstol con las que la liturgia cristiana nos exhorta a menudo a hacer el bien con generosidad: «Amaos cordialmente unos a otros; que cada cual estime a los otros más que a sí mismo» (Rom 12,10). Cuando oramos –es bueno saberlo y recordarlo– invadimos el espacio de Dios y podemos hacerlo con absoluta libertad porque somos hijos suyos, que tenemos derecho a ser escuchados y, si es posible, también atendidos. Para facilitar esta invasión de campo, Jesús vuelve en otra ocasión al mismo tema con otra parábola, que evoca matices diferentes:

Les decía una parábola para enseñarles que es necesario orar siempre, sin desfallecer. «Había un juez en una ciudad que ni temía a Dios ni le importaban los hombres. En aquella ciudad había una viuda que solía ir a decirle: "Hazme justicia frente a mi adversario". Por algún tiempo se estuvo negando, pero después se dijo a sí mismo: "Aunque ni temo a Dios ni me importan los hombres, como esta viuda me está molestando, le voy a hacer justicia, no sea que siga viniendo a cada momento a importunarme"». Y el Señor añadió: «Fijaos en lo que dice el juez injusto; pues Dios, ¿no hará justicia a sus elegidos que claman ante Él día y noche?; ¿o les dará largas? Os digo que les hará justicia sin tardar. Pero, cuando venga el Hijo del hombre, ¿encontrará esta fe en la tierra?» (Lc 18,1-8).

En este caso solo hay dos personajes, uno de ellos se presenta inmediatamente de manera negativa. Se trata de un juez sin escrúpulos e insensible, que no teme a Dios ni le importa el prójimo. Si bien es un tipo del que no se debería esperar nada bueno, especialmente con respecto a una mujer viuda –el otro personaje de la parábola–, que acude a él para pedir y obtener justicia contra un enemigo, he aquí la gran sorpresa: con tal de no que no le moleste más, decide finalmente intervenir.

Estamos al filo de una gran provocación, que Jesús se apresura a explicar: si un juez injusto es capaz de escuchar a una viuda fastidiosa, ¿qué haría Dios si sus «elegidos» claman a Él día y noche? El condicional es imprescindible, porque la prueba a la que conduce la parábola es precisamente sobre nuestra capacidad de «molestar» a Dios sin preocuparnos de ser irritantes e insoportables. La viuda consigue serlo por una razón muy sencilla y, sobre todo, bien expuesta: tiene un enemigo que la acosa día y noche. De esta dolorosa situación, la mujer saca las fuerzas para hacer una demanda que no se para en las buenas maneras, sino que se obstina en buscar y encontrar la justicia que necesita absolutamente. La parábola revela cuál es la fuerza paradójica que necesita la oración. No la de nuestros mejores sentimientos, ni la de nuestras intenciones más loables. Sabremos permanecer delante de Dios con fidelidad y perseverancia en la medida en que no perdamos el contacto con los adversarios y las adversidades que jalonan nuestra vida. La mayoría de las veces no se trata de presentarle a Dios el nombre de algún enemigo que nos está acosando. Bastará estar a la escucha de las lágrimas y los sufrimientos que experimentamos en nuestro interior, donde habitan nuestros enemigos cotidianos: nuestro perfeccionismo, el miedo al fracaso, la ansiedad por el cargo, los vicios, los engaños, las pasiones inútiles y tristes. «Porque de dentro, del corazón del hombre, salen los pensamientos perversos», como dice Jesús en el evangelio (Mc 7,21), esos deseos engañosos que enferman los días de nuestra vida, pero que pueden abrirnos a la urgencia de la oración.

Sin embargo, la pregunta sigue siendo: ¿tenemos la conciencia de que también nosotros estamos dentro de un combate, con la esperanza de poder ser ayudados y salvados? ¿O es que nos falta fe, esa fe sincera y franca, capaz de convertirnos en niños tercos y molestos?

## No tomarnos las cosas demasiado en serio

A pesar de las luces con las que intentamos iluminar el camino de la oración, debemos admitir que su práctica resulta a menudo frustrante. Hay al menos dos experiencias en las que sentimos cierto malestar, junto con la tentación de fallar a la fidelidad que deseamos o que hemos prometido a Dios.

La primera frustración posible en la oración se debe al clima de silencio, dentro del que Dios participa de buena gana, en el que se desarrolla la oración. Cuando iniciamos un momento de oración, solemos utilizar algún instrumento –un texto para leer, alguna fórmula para recitar, una imagen para contemplar– que por un poco de tiempo logra alimentar nuestra imaginación, dándonos la sensación de que realmente estamos conversando con el Señor. Después de unos minutos, la atmósfera comienza a cambiar significativamente. Nos damos cuenta de que no podemos seguir centrados en una idea, ni nos resulta fácil profundizar en algunas palabras o imágenes que la oración ha suscitado en nosotros.

Además, nos cuesta dar un nombre a lo que sentimos, olvidamos lo que acabamos de leer, mantenemos la mirada fija en el icono sagrado mientras en realidad estamos ya pensando en otra cosa. Poco a poco, en esta segunda fase, compuesta de distracciones y disipaciones, tenemos la clara impresión de estar lidiando solo con nuestros pensamientos, en un espléndido y autorreferencial monólogo. Es un momento amargo y doloroso, que todo orante conoce, en el que se abre paso un desánimo creciente, porque el pensamiento que se forma en nosotros es doble: nuestra voz es incapaz de llegar al cielo y Dios, a su vez, no puede o no quiere hacernos oír la suya.

Afortunadamente, esta experiencia no es insólita, sino que está bien atestiguada de muchos modos en la Escritura, como cuando, por ejemplo, le dice Elihú a su amigo Job, tratando de interpretar su sufrimiento injusto: «Es vano decir que Dios no oye» (Job 35,13). En un salmo, el orante comienza a clamar a Dios pidiendo ayuda, haciendo elevar hasta Él su voz, desahogando toda su angustia por las noches con las manos extendidas hacia el cielo. Pero al pronunciar esta vehemente oración, el salmista tiene la impresión de no ser escuchado de ninguna manera, hasta el punto de exclamar estas palabras:

«¿Es que el Señor nos rechaza para siempre
y ya no volverá a favorecernos?
¿Se ha agotado ya su misericordia,
se ha terminado para siempre su promesa?
¿Es que Dios se ha olvidado de su bondad,
o la cólera cierra sus entrañas?».
Y me digo: «¡Qué pena la mía!
¡Se ha cambiado la diestra del Altísimo!» (Sal 77,8-11).

Aquí es donde la oración puede llevarnos no
solo a un mar de consuelo y de paz, sino también
al tormento de un gran silencio donde Dios parece
sordo o indiferente a nuestra voz. Esta dolorosa
experiencia será especialmente dramática cuando
sea Cristo mismo quien la haga en la cruz, el Hijo
de Dios que muere en una sustancial ausencia del
Padre que, desde el cielo, no dice ni hace nada para
impedir el sacrificio en curso:

Dios mío, Dios mío, ¿por qué me has abandonado? (Mt
27,46; Sal 22,2).

En esos momentos, en los que orar es también un
poco morir, hay un camino que se puede seguir, ya
indicado por el grito de Jesús que no deja de ofrecer
su voz al Padre. Volviendo al salmo, descubrimos
que el orante encuentra la manera de no quedarse
encerrado en lo que corre el riesgo de convertirse

en un monólogo estéril y triste. De repente, precisamente en el momento de mayor desaliento, su voz recurre al recuerdo de lo que Dios ha hecho por el pueblo de Israel a lo largo de los siglos, demostrando la grandeza de su amor. Este recuerdo basta para volver a hablar con Dios utilizando el «tú», que siempre es el gran riesgo que hay que correr cada vez que la oración se convierte en una agotadora batalla contra nuestra voluntad y nuestra sensibilidad:

Recuerdo las proezas del Señor;
sí, recuerdo tus antiguos portentos,
medito todas tus obras
y considero tus hazañas.
Dios mío, tus caminos son santos:
¿Qué dios es grande como nuestro Dios?
Tú, oh Dios, haciendo maravillas,
mostraste tu poder a los pueblos (Sal 77,12-15).

Este cambio de registro basta para recobrar fuerza y vigor, transformando en diálogo una oración que corría el riesgo de girar sobre sí misma. No se trata de una estratagema lingüística, como si para recuperar el hilo de la oración bastase con modificar las palabras que decimos. El salmo refleja un movimiento mucho más profundo y personal, el de un corazón que recupera el coraje –aun en la desolación– de desafiar el silencio y la ausencia de Dios, tratando de creer todavía en la posibilidad de un diálogo basado en la confianza.

La segunda frustración que se puede encontrar en la oración es ese sentimiento de inutilidad o ineficacia respecto de las necesidades y deseos que expresamos a Dios. Somos muy conscientes de que el Señor tiene muchos asuntos que resolver y un número incalculable de hijos que cuidar. Por lo tanto, cuando nuestra oración no es escuchada, no nos alarmemos de inmediato: ciertamente podemos darle a Dios el beneficio de la duda. Sin embargo, la paciencia –sobre todo la nuestra– tiene ciertos límites que no logramos superar mucho. Los evangelios conservan el recuerdo de un episodio en el que a una mujer le sucede exactamente esto cuando encuentra a Jesús:

Jesús salió y se retiró a la región de Tiro y Sidón. Entonces una mujer cananea, saliendo de uno de aquellos lugares, se puso a gritarle: «Ten compasión de mí, Señor Hijo de David. Mi hija tiene un demonio muy malo». Él no le respondió nada. Entonces los discípulos se le acercaron a decirle: «Atiéndela, que viene detrás gritando». Él les contestó: «Solo he sido enviado a las ovejas descarriadas de Israel». Ella se acercó y se postró ante él diciendo: «Señor, ayúdame». Él le contestó: «No está bien tomar el pan de los hijos y echárselo a los perritos». Pero ella repuso: «Tienes razón, Señor; pero también los perritos se comen las migajas que caen de la mesa de los amos». Jesús le respondió: «Mujer, qué grande es tu fe: que se cumpla lo que deseas». En aquel momento quedó curada su hija (Mt 15,21-28).

Jesús está lejos, en una zona periférica habitada por paganos. Se le presenta una mujer cananea, que no pertenece al pueblo de Israel. Su hija está atormentada por un demonio y esto la empuja a gritar y a rogar a Jesús que la ayude. La reacción de Jesús es glacial: no dice ni hace nada. Incluso los discípulos están desconcertados por esta forma de actuar y deciden pedir también ellos al Maestro que intervenga de alguna forma. Por cierto, leyendo la súplica de los discípulos se tiene la clara sensación de que no es que haya mucha compasión por la mujer, sino solo cierto fastidio porque camina y grita detrás de ellos.

Jesús se detiene para responder, explicando que su misión también tiene límites, los del pueblo de Israel, al que fue enviado por el Padre. Mientras tanto, la mujer logra acercarse y cae de rodillas ante Jesús, repitiendo su desesperada petición. Debemos admitir que esta insistencia es ya una gran indicación para saber gestionar esos momentos –a veces tan prolongados– en los que Dios parece no prestar ninguna atención a nuestra voz. Pero lo mejor aún está por venir. Utilizando una metáfora con la que los judíos solían describir a los paganos comparándolos con perros, Jesús reitera a la mujer que no tiene ningún derecho a pedir un «pan» destinado principalmente a sus hijos. En otras palabras, le está diciendo lo peor que se puede oír: tú no tienes derecho a recibir lo que pides.

Esta es quizás la etapa más crucial y abrumadora del camino de oración: el momento en el que nos damos cuenta de que nosotros, ante Dios, no podemos reclamar nada basado en lo que somos o en algo que hemos hecho. Se ora para llegar a reconocer nuestra pobreza absoluta ante el misterio de la bondad divina. La mujer no reacciona mal, al contrario, dice lo más bonito que nuestro corazón es capaz de creer y confesar. Dándose cuenta de que es solo un perrito al pie de una mesa puesta para otros, no se molesta en modo alguno y se queda esperando, moviendo la cola, libre y tranquila. Más allá de la metáfora, esta mujer intuye que lo que podemos esperar recibir en la oración no son los mares y los montes que estamos deseando. Una pizca de atención basta para llenar nuestro corazón del mayor regalo: sentirnos reconocidos por lo que somos y comprendidos en lo que necesitamos desesperadamente.

Dios no espera más que esto: vernos creer en Él incluso cuando no merecemos nada, pero nos descubrimos capaces de esperar, para después tal vez también obtener cualquier cosa que pueda llegarnos gratuitamente de sus manos. En esos momentos, la oración nos muestra que Dios no ve la hora cumplir nuestros deseos, finalmente purificados de la urgencia y el egoísmo. Antes de volver al Padre, el Hijo nos prometió que la alegría se apoderará de nosotros siempre de este modo, en el corazón de toda oración auténtica y sufrida que sepamos vivir hasta el final: «Si permanecéis en mí y mis palabras permanecen en vosotros, pedid lo que deseáis, y se realizará» (Jn 15,7).

.

# 4
## Comprometernos

## Dilatar la voluntad

La oración no nos «sirve» solo para purificar nuestra relación con Dios, profundizando en los rasgos de su rostro de Padre y aprendiendo a pensar y actuar como hijos suyos. Uno de sus frutos más preciosos es la ampliación del horizonte de nuestros deseos, hasta el punto de comprender no solo lo que puede agradarnos a nosotros, sino también beneficiar a los demás. En una época como la nuestra, en la que corremos el riesgo de aplanarnos en nuestras necesidades inmediatas escuchando solo nuestra sensibilidad, o viceversa, ignoramos nuestros sentimientos haciendo nocivos esfuerzos de voluntad, la oración podría entenderse erróneamente como un instrumento para mejorar nuestro bienestar. En estos términos, la meditación se convertiría en un momento intimista, en el que intentamos sanar nuestras heridas internas y alcanzar estados de serenidad para afrontar mejor la vida. Sería una visión reduccionista y muy individualista de lo que la oración puede desencadenar.

Para los cristianos, el primer lugar donde la oración deja de ser un asunto privado y se extiende a un ámbito comunitario es la liturgia, de la cual la Misa es quizás la expresión más conocida. Cuando nos reunimos en asamblea, la oración se transforma inmediatamente en un acto común en el que se manifiesta uno de los rasgos esenciales de nuestra persona: no somos solo individuos, sino también un cuerpo, cuyas conexiones, aunque invisibles, son absolutamente reales. Quizás por eso Jesús, al enseñarnos a llamar a Dios «Padre», quiso añadir el adjetivo «nuestro», para recordarnos que nadie tiene derecho a sentirse tan especial como para olvidar que los demás son tan especiales como nosotros. Una cosa que sucede en la liturgia –pero que debería suceder también en la oración personal– es que alzamos la voz a Dios no solo por nuestras propias necesidades, sino también pensando en las necesidades de quienes están en camino con nosotros y como nosotros hacia el Reino: nuestros hermanos y hermanas en humanidad, especialmente los más pobres, los enfermos y los desventurados. Hacemos de muy buena gana este tipo de intercesión cuando nos encontramos en una posición de fortaleza, recordando a alguien que está mal mientras nosotros estamos bien. O cuando rezamos por situaciones lejanas de guerras, injusticias y cataclismos que no nos conciernen demasiado. Pero ¿qué pasa cuando llega el momento de doblar las rodillas y estrujarnos el corazón para pasar por una situación de prueba en la que están en juego nuestro pellejo y nuestro destino? La noche antes de entrar en su misterio pascual, Cristo tiene una experiencia insuperable y paradigmática de este tipo de oración, mostrándonos lo que significa ampliar los límites de nuestra voluntad para sumergirnos libremente en la dinámica del amor más grande:

> Llegan a un huerto, que llaman Getsemaní, y dice a sus discípulos: «Sentaos aquí mientras voy a orar». Se lleva consigo a Pedro, a Santiago y a Juan, empezó a sentir espanto y angustia, y les dice: «Mi alma está triste hasta la muerte. Quedaos aquí y velad» (Mc 14,32-34).

En los momentos en que nos sentimos tristes y asustados, a menudo optamos por aislarnos, en un intento de recuperar fuerzas y optimismo, a cubierto de miradas indiscretas. Es una opción no solo legítima, sino también necesaria, cuando necesitamos crecer aceptando el peso de algunas frustraciones y soledades. La oración que Jesús comienza a realizar ante todo el grupo de los doce y, en particular, bajo la mirada de tres de ellos, nos recuerda que la fragilidad no debe vivirse únicamente en solitario, sino también en comunión con los amigos más queridos que acompañan nuestro camino. En algunos pasajes delicados, orar significa dejar que alguien esté cerca de nosotros sin tener que decir ni hacer nada, para no estar solos en lo que estamos viviendo y padeciendo. Los discípulos están invitados a permanecer cerca de su Maestro para aprender de él hasta dónde puede llegar la oración más lacerante y sufrida, la del abandono filial a la voluntad del Padre.

Y, adelantándose un poco, cayó en tierra y rogaba que, si era posible, se alejase de él aquella hora; y decía: «¡*Abba!*, Padre: tú lo puedes todo, aparta de mí este cáliz. Pero no sea como yo quiero, sino como tú quieres» (Mc 14,35-36).

¿Cómo es que, antes de su Pasión, Jesús se hunde en este dolor absurdo que se presenta, de momento, como algo totalmente interno? En parte, sin duda se trata seguramente del humano abatimiento por el clima de desconfianza y odio que lo rodea. Pero eso no basta para explicar la intensidad de un sufrimiento que, según el evangelio de Lucas, se manifiesta incluso en un sudor «que caía hasta el suelo como si fueran gotas espesas de sangre» (Lc 22,44). Es imposible comprender algo de esta dolorosa oración sin hablar del pecado y de la tentación. Jesús no era un pecador y ni siquiera podía serlo porque era Dios. Pero, como hombre, tuvo que medirse con el pecado habiendo asumido una «carne de pecado», es decir, nuestra humanidad con su sensibilidad herida y debilitada, como escribe el autor de la Carta a los hebreos:

Por eso tenía que parecerse en todo a sus hermanos, para ser sumo sacerdote misericordioso y fiel en lo que a Dios se refiere, y expiar los pecados del pueblo. Pues, por el hecho de haber padecido sufriendo la tentación, puede auxiliar a los que son tentados (Heb 2,17-18).

Aunque era Dios, quiso despojarse de todo privilegio para llegar a ser como nosotros y así abrirnos un camino para recorrer en la selva oscura en la que estábamos perdidos. ¿Cuál era el mal del que nosotros, los seres humanos, necesitábamos ser salvados? La incapacidad de fiarnos de Dios y obedecer su voz. La oración de Jesús en Getsemaní es un acto de obediencia en el que acontece la renuncia a la propia voluntad en nombre de una voluntad mayor, necesaria para afrontar el misterio del mal y del dolor. Hoy nosotros percibimos cualquier voluntad externa como una especie de fuerza arbitraria y absurda que, mortificando nuestra inteligencia y nuestra sensibilidad, nos lleva a hacer cosas ajenas a nuestro deseo.

Según la Biblia, la voluntad de Dios no tiene nada que ver con un mandato injustificado y caprichoso, que el hombre debe aceptar con total resignación. Lo que Dios quiere coincide con el deseo del hombre, con su aspiración y su alegría. Jesús, desde su Bautismo, escuchó este deseo que llenaba su corazón de amor y benevolencia hacia toda criatura amada por el Padre. Jesús era el deseo –por tanto, la voluntad– del amor de Dios por el mundo y esta conciencia crecía en él con cada paso y con cada oración. Sin embargo, cuando amar al mundo implicó la aceptación de un dolor infinito, vinculado al rechazo y a la muerte, la carne humana de Jesús entró en un terrible espacio de prueba.

Cristo, en los días de su vida mortal, a gritos y con lágrimas, presentó oraciones y súplicas al que podía salvarlo de la muerte, siendo escuchado por su piedad filial. Y, aun siendo Hijo, aprendió, sufriendo, a obedecer. Y, llevado a la consumación, se convirtió, para todos los que lo obedecen, en autor de salvación eterna (Heb 5,7-9).

Para acatar su misión, también en la inminencia de la muerte, Jesús entró en la oración más exigente y liberadora, hasta el punto de convertirse en el primer hombre en quien la plenitud y la universalidad del amor de Dios pudieron manifestarse libremente.

Gritando y llorando, hasta el punto de suplicar ser librado del dolor humano, Jesús fue escuchado de manera paradójica. El Padre no le evitó la muerte, sino que lo hizo Salvador del mundo. A través de esta oración, Cristo nos ha revelado hasta dónde puede llevarnos toda oración: hasta el punto en que seamos capaces de descubrir la fuerza para hacer todo el bien posible, incluso cuando todas las cosas y todas las personas parecen estar en contra nuestra. El cáliz que Jesús bebió en esta oración es un cáliz amargo, porque aparentemente es contrario a nuestros gustos y a nuestras expectativas. Y, sin embargo, es el único capaz de abrir de par en par en nosotros la percepción de un gusto mayor: el sabor de cosas imposibles para nuestras fuerzas y, sin embargo, posibles para nuestra humanidad. Esas que, en el fondo, nuestro corazón desea porque en ellas se manifiesta nuestra radical naturaleza de amor.

### Arriesgar la vida

La oración de Jesús en Getsemaní nos ha mostrado cómo la voluntad de Dios puede no coincidir con nuestros deseos y, sin embargo, es la oportunidad más grande y concreta de poder llegar a ser finalmente nosotros mismos. Al mismo tiempo, ha puesto en evidencia cómo no es posible perseverar en la oración sin asumir la responsabilidad de hacer todo el bien posible que, precisamente a nosotros, nos corresponde hacer. En la Escritura se encuentra una historia que arroja más luz sobre esta exigencia de la oración, mostrándonos la imposibilidad de poner las cosas en las manos de Dios sin sentirlas plenamente presentes también en las nuestras.

Se trata de la historia de Ester, incluida en un libro que en la tradición judía suele leerse durante la fiesta de Purim, que en hebreo significa «suertes». De hecho, en esta festividad se conmemora un acontecimiento de la salvación del pueblo judío en el que el destino se invierte repentinamente, alterando todos los pronósticos. Durante el destierro en Persia, los judíos sufrieron la amenaza de ser exterminados, a causa del odio del gran visir, el pérfido Amán. La salvación llegará a través de la intercesión de Ester, una joven huérfana judía que llega a ser reina de Persia, gracias a la ayuda de su tío Mardoqueo. La suerte cambiará para todos: Amán es ahorcado, Mardoqueo toma su puesto y el pueblo judío se salva de la condena a muerte.

El libro ha llegado hasta nosotros en dos versiones: una en hebreo y otra en griego. La diferencia entre ambos textos es notable. La versión hebrea, más corta y seca, no contiene nunca el nombre de Dios, ni ninguna referencia a Él, ni a la Ley, ni a la Alianza, ni a ninguna institución judía. En efecto, según los rabinos, este libro no «mancha» las manos de quien lo lee, es decir, no contamina con lo trascendente. La traducción más extensa en griego intenta suplir esta carencia, introduciendo la referencia a Dios, las oraciones y todas esas indicaciones narrativas con las que se suele hacer «religioso» un relato. Si bien esta segunda versión ofrece mayores certezas para elaborar un pensamiento religioso, la versión hebrea reserva mejores sorpresas para quien esté dispuesto a leer, entre líneas, el misterio de Dios que se esconde en los pliegues de los acontecimientos humanos. El primer mensaje del libro, en efecto, es precisamente este: Dios a veces está tan escondido en los asuntos humanos que parece no estar presente. Sin embargo, nosotros estamos realmente presentes y eso puede ser suficiente.

El primer personaje que entra en el drama de este discernimiento es la reina Vasti. Invitada a exhibir su cuerpo, en el apogeo de las celebraciones de poder y pompa del rey Asuero, Vasti decide permanecer fiel a sí misma con una solemne negativa. El coraje de no arrodillarse ante los caprichos del Rey y sus invitados muestra a Vasti como una mujer libre para deshacerse de la máscara de la seducción y para salir intacta del carnaval del poder. De índole opuesta es Amán, figura mezquina de un hombre tan ansioso de poder que no se da cuenta de que ya es esclavo de él incluso antes de poseerlo. Despechado por la conducta de Mardoqueo, que no se doblega ante su presencia, Amán da rienda suelta a su ira, llegando a planear el exterminio de todo el pueblo judío.

Frente al escenario de este poder disputado y ambicionado, destaca la figura de Ester. Invitada por su tío Mardoqueo a participar en las selecciones para la elección de una nueva reina, la bella hija de Israel no se niega. Comienza así un juego de máscaras y disfraces que llevará a la joven judía a cambiar su aspecto, primero por el de una refinada y seductora concubina, después por el de una espléndida reina de Persia. Paradójicamente, será precisamente esta capacidad de transformación lo que garantice a Ester una total fidelidad a sí misma y a su pueblo. El juego de máscaras no es, para Ester, un ejercicio de estilo, sino una forma de velar su identidad, esperando el momento adecuado en el que finalmente pueda revelarla. Y el momento adecuado, como sabemos, siempre llega. Cuando Mardoqueo se entera de que Amán ha logrado que el Rey firme el decreto para el exterminio de todos los judíos presentes en Persia, se rasga las vestiduras e intenta informar a Ester, para pedirle ayuda en favor del pueblo. La Reina intenta declinar la petición, señalando que nadie puede presentarse ante el Rey sin haber sido convocado, pues de lo contrario puede ser ejecutado, a menos que el Rey extienda hacia él su cetro de oro, en cuyo caso su vida será salvada. Mardoqueo insiste, invitando a su sobrina a no tener miedo de expresar la parte más noble de su humanidad:

> No pienses que, por estar en el palacio real, vas a ser la única que se salve entre todos los judíos. Si ahora te obstinas en callar, el auxilio y la liberación vendrán a los judíos de otra parte, mientras que tú y tu familia pereceréis. Incluso es muy posible que hayas llegado a ser reina para una ocasión como esta (Est 4,13-14).

Mardoqueo le recuerda a Ester que la vida está en manos de Dios, quien es capaz de hacer surgir ayuda y liberación de mil maneras, a través de la realidad. Ester no debe sentirse obligada a hacer nada, sino que debe sentir la responsabilidad de poder hacer un gesto de solidaridad hacia su pueblo. Ester no se hace de rogar demasiado y le cuenta a Mardoqueo lo que su corazón ha decidido rápidamente:

> Ester mandó que respondieran a Mardoqueo: «Reúne a todos los judíos que habitan en Susa y ayunad por mí. No comáis ni bebáis durante tres días y tres noches. También yo y mis doncellas ayunaremos. Después, aunque la Ley lo prohíbe, me presentaré ante el Rey. Y, si he de morir, moriré» (Est 4,15-16).

En este punto de la historia las dos versiones del texto difieren significativamente. En la versión griega, Ester busca refugio en Dios y le suplica con un torrente de palabras. Antes de rogar a Dios con todas sus fuerzas, encuentra un contacto auténtico consigo misma: se quita los vestidos de lujo y se pone los de luto, en lugar de perfumes se rocía la cabeza con cenizas y basura; luego se sumerge en una oración prolongada. Los ritos preparatorios, que a menudo descuidamos cuando oramos, expresan ya la esencia de la relación que Ester pretende establecer con el Señor. Quitándose la máscara de reina y vistiendo la de penitente, Ester confiesa, no solo con palabras, sino con el cuerpo, su condición de fragilidad y vulnerabilidad. Antes de exponer a Dios sus peticiones, Ester no deja de ponerse ante Él con toda su debilidad.

Es fundamental encontrarnos a nosotros mismos en la oración, para no correr el riesgo de dirigirnos a Dios con la intención de ser autorizados a vivir menos intensamente los hechos que nos afectan a nosotros. Después de haber confesado la gloria y la grandeza de Dios, y haberle pedido que guarde a su pueblo, Ester no pide a Dios la solución del problema, sino la fuerza para afrontarlo, exponiéndose en primera persona:

Acuérdate, Señor; manifiéstate en el tiempo de nuestra tribulación y dame valor, rey de los dioses y dueño de todo poder. Pon en mi boca la palabra oportuna cuando esté ante el león y cambia su corazón para que aborrezca al que nos ataca y termine con él y con los que piensan como él. Pero a nosotros sálvanos con tu mano y defiéndeme a mí, que estoy sola, y no tengo a nadie fuera de ti, Señor (Est 4,17r-17t).

La oración de Ester no solo es estéticamente hermosa, sino también espiritualmente adecuada. En ella no encontramos el arrebato infantil de miedo ante el –presunto– poder de Dios, sino una aceptación adulta de su responsabilidad, que Ester expresa siendo plenamente consciente de que la primera salvación que debemos pedir a Dios es la de ser liberados de nuestros miedos. La oración es un arte necesario pero arriesgado. Si nos enamoramos demasiado de las palabras y de los gestos que hacemos ante Dios, podemos perder también esa conexión con la vida que, no obstante, nuestras súplicas deben mantener. Incluso podemos llegar a «orar por orar», porque en el fondo es hermoso hacerlo y porque nos encanta arrullarnos con la esperanza de que hay un Dios dispuesto a protegernos y a ayudarnos en cuanto se lo pedimos. Pero lo que nos sucede cuando nos ponemos en oración se parece más a ir perdiendo progresivamente todas las ilusiones que a acumular grandes certezas. Por supuesto, Dios puede y quiere ayudarnos cada vez que lo invocamos, especialmente cuando nos sentimos perdidos y asustados ante los peligros de la vida. Sin embargo, la mayor ayuda que Él está dispuesto a darnos no es nunca la de hacer las cosas en nuestro lugar, sino ayudarnos a vencer el miedo de vivir hasta el punto de poder exponernos al riesgo de la muerte.

En la versión de la Biblia hebrea no aparece la oración de Ester, sino solo el momento de ayuno que hace en comunión con su pueblo. Este rito penitencial –tan querido por toda tradición religiosa– no es el gesto con el que intentamos hacer que el cielo se compadezca, dirigiendo su atención a nuestras necesidades. Al contrario, precisamente al prescindir del alimento necesario, expresamos la confianza de que, en realidad, Dios está ya presente, con la gran capacidad de nutrir toda situación con su providencia. Al practicar la abstinencia del alimento junto con su pueblo, Ester muestra toda su confianza en Dios. No acude inmediatamente al Rey, sino que prefiere esperar, dejando que el miedo se derrita como la nieve al sol. Nosotros, tal vez, somos demasiado impertinentes cuando las situaciones nos incomodan, impulsados por el miedo a que nos quiten algo. Con tal de librarnos del peligro, intentamos hacer algo enseguida, normalmente empeorando las cosas. Ester se aleja de las prisas y del miedo, deja madurar las cosas –incluso sus propias convicciones– antes de hacer lo que sabe que puede y debe hacer. Su ayuno, por tanto, es ya una verdadera oración a Dios, porque muestra un altísimo grado de compromiso con la realidad. De hecho, con o sin oración, lo que más le importa a Dios es que vivamos siempre y que lo hagamos con la mayor libertad e intensidad posibles. Mientras queramos descargar sobre Dios las cargas más insoportables de la vida, la oración y el ayuno nos educan a asumir gradual y libremente el mayor honor que Dios nos ha reservado: la capacidad de hacer (las cosas) también sin Él. Algunos místicos están convencidos de que este es incluso el mayor homenaje que podemos brindar a Dios: actuar y comportarnos como si existiéramos solo nosotros, sabiendo muy bien que Dios, en realidad, nunca deja de estar presente. Se trata de una paradoja sublime: precisamente cuando estamos dispuestos a prescindir de Dios, podemos actuar en perfecta sinergia con su voluntad. Ester y Mardoqueo hacen todo lo que pueden, dejando luego el desenlace de la historia en manos de Dios.

Este es el gran desafío que nos presenta la oración: avanzar en la realidad no solo cuando estamos seguros de que estamos haciendo lo correcto, sino también cuando nos damos cuenta de que nos toca actuar. Ester no sabe exactamente cómo van a terminar las cosas. Solo tiene una certeza: no exponerse y no estar dispuesta a arriesgar su vida es la única opción que no debe tomar. La historia avanza rápidamente hacia un final feliz: Asuero acepta la súplica de Ester, el pueblo de Israel se salva, Amán es ahorcado. Es la confirmación de que solo así pueden cambiar verdaderamente los destinos —es decir, las situaciones—: cuando, cruzando el estrecho puente de la oración, nos descubrimos capaces de jugar con las opciones que nos corresponden, aceptando todas sus consecuencias, incluso la de poder morir, con tal de incrementar la vida y la esperanza para todos.

## Fiarnos del bien

Si la oración es el lugar donde nuestra voluntad puede expandirse hasta el punto de hacernos capaces de vivir con la máxima intensidad posible las oportunidades de la vida, entendemos por qué permanecer en ella no puede menos de ser un camino muy exigente. No se trata solo de afrontar el miedo a lo que nos puede pasar si nos exponemos a Dios con creciente consciencia. Después de los momentos iniciales fáciles y lineales, la oración se convierte en una experiencia fatigosa porque todo lo que comienza a suceder, fuera y dentro de nosotros, va en contra de todas las expectativas y escapa sistemáticamente a todos nuestros intentos de control.

Entre los numerosos textos que en la Biblia han prefigurado este tipo de camino, en el que nuestra voluntad entra progresivamente en la de Dios, hay algunos especialmente luminosos, definidos como los «cánticos del Siervo del Señor», presentes en el libro del profeta Isaías. Se trata de composiciones poéticas donde se presenta la figura de un personaje anónimo, a quien Dios confía la tarea de llevar su salvación a un mundo gravemente afectado por el mal y la injusticia.

En el primero de estos cuatro cánticos, el Siervo se presenta como alguien en quien el Señor Dios se complace y a quien confía su Espíritu en vista de una importante misión. La perspectiva de la misión es sal-vífica, toda ella está inmersa en la luz de una gran es-peranza en favor de una multitud de desventurados:

Yo, el Señor,
te he llamado en mi justicia,
te cogí de la mano, te formé
e hice de ti alianza de un pueblo
y luz de las naciones,
para que abras los ojos de los ciegos,
saques a los cautivos de la cárcel,
de la prisión a los que habitan en tinieblas (Is 42,6-7).

La tarea encomendada al Siervo es en nombre de la vida y de la alegría, una buena obra que está dirigida a quienes se encuentran en condiciones de enfermedad u opresión. Las imágenes utilizadas por el profeta son simbólicas, aluden a todos esos momentos en los que la vida humana se ve mortificada por la experiencia del sufrimiento, la injusticia o el pecado. Frente a todo esto, el Siervo siente una llamada del Señor que lo autoriza a llevar a estas tinieblas la esperanza de una luz y de una obra de curación. Sin embargo, la misión no se puede realizar de cualquier manera, sino que se deben observar escrupulosamente algunas indicaciones metodológicas:

No gritará, no clamará,
no voceará por las calles.
La caña cascada no la quebrará,
la mecha vacilante no la apagará.
Manifestará la justicia con verdad (Is 42,2-3).

El Siervo es enviado a curar heridas y a luchar contra el mal, pero sin recurrir en lo más mínimo a la violencia. No podrá gritar, no tendrá que ser agresivo, no se dejará llevar por la fascinación de destruirlo todo y empezar de nuevo. Su misión es delicada, consiste en adentrarse en la oscuridad y buscar todo el bien residual para intentar sanarlo y expandirlo. Todo lo que el mal ha conseguido herir y mutilar necesita ser envuelto por la suave fuerza del bien para que pueda volver a vivir. Para lograr esta misión es necesario actuar según una lógica de mansedumbre y de atenta compasión. La lógica de Dios, que es el amor, se sitúa en un plano opuesto al de la violencia. Para ganar hay que perder, para dar vida hay que ser vulnerables frente al atractivo devastador del mal. Si se acepta jugar la partida en estos términos, está claro que, en cierto momento, el mal parecerá vencer y triunfar. Sin embargo, solo absorbiendo la violencia sin ceder a la tentación de devolverla podrá suceder algo nuevo y el mal podrá interrumpirse.

El Siervo está llamado a ser un buscador de vida y de belleza entre mechas vacilantes y cañas cascadas. Debe hacerlo, no en condiciones ideales o idílicas, sino en medio de la presencia del mal que, mientras tanto, sigue golpeando. La única forma de salvar la caña cascada es buscar sus partes aún sanas para protegerlas y sostenerlas. Si se quiere garantizar que la mecha vacilante pueda seguir ardiendo, hay que defender su exigua vitalidad y darle más oxígeno para que el proceso de combustión pueda continuar.

El Siervo está llamado a tener una confianza inquebrantable ante los aspectos de fragilidad que se presentarán ante sus ojos. Para ello, no se puede más que estar profundamente reconciliado con su propia debilidad y, por tanto, ser capaz de acoger y salvaguardar la de los demás, hasta el punto de poder llegar a salvarla, ofreciendo, ante todo, una mirada de esperanza. Esta reconciliación interior permite al Siervo tolerar el mal sin dejarse contagiar de su lógica. El cántico traza el perfil de un hombre capaz de orientar su fuerza no hacia las formas de intransigencia e inflexibilidad, sino encarnando una vigorosa dulzura y una madura capacidad de compasión. A medida que el Siervo avanza en su itinerario, su parábola entra en una dimensión de sufrimiento y soledad. Utilizando solo el bien para luchar contra el mal, comienza a percibir la aparente inutilidad de su misión. Es lo que se dice en el segundo cántico del Siervo del Señor:

Y me dijo: «Tú eres mi siervo, Israel,
por medio de ti me glorificaré».
Y yo pensaba: «En vano me he cansado,
en viento y en nada he gastado mis fuerzas» (Is 49,3-4).

Estas palabras describen una experiencia universal y comprensible para cualquiera que se haya aventurado en la oración hasta el punto de abrazar la lógica de Dios, poniendo su vida en actitud de servicio a los demás. Una vez pasados los primeros, fáciles, entusiasmos, se tiene la sensación de dar vueltas en el vacío, sin llegar a ninguna parte y sin

recoger nada, a pesar de los grandes esfuerzos realizados. Las contradicciones, las dificultades y los
problemas aparecen como montañas insuperables.
Se siente solo, desolado y derrotado. Es la crisis a la
que lleva la oración a todo siervo del Señor y a todo
servicio realizado en su nombre.

Este paso es inevitable y necesario, para que la
obra que el siervo realiza esté verdaderamente a
disposición de Dios y pueda contribuir a su plan
de salvación. En efecto, cuando solo nos sentimos
realizados y satisfechos con lo que hacemos, quizás
estemos disfrutando, simplemente, del fruto de
nuestros esfuerzos y nuestra misión coincide aún
con nuestros proyectos. Cuando las cosas no salen
como deberían o como esperamos, es muy probable
que estemos empezando a servir al plan salvífico de
Dios, del que no siempre podemos comprender y
compartir todos los detalles.

Al llamar «vano» su trabajo para el Señor, el
Siervo no está describiendo una realidad completamente negativa. En lengua hebrea, el término utili-
zado por Isaías no significa «inútil», sino «sustraído
de la posibilidad de verificación». El sentimiento
de trabajar en vano coincide, por tanto, con esos
momentos en los que nuestra perseverancia en el
camino del Señor nos hace caminar por senderos
que están fuera de nuestros horizontes y de los ma-
pas de nuestros navegadores.

El Siervo sufre el sentimiento de inutilidad porque su vida se está moviendo finalmente dentro del escenario de la salvación de Dios. El reino de Dios crece y se desarrolla según una lógica que a menudo va contra nuestro sentido común y nuestro instinto de autoconservación. Basta pensar en la cruz del Señor. En aquel momento, su misión coincidió con el más sensacional de los fracasos desde el punto de vista humano. Ninguna confirmación, ninguna adhesión, ninguna aprobación. Nada menos que el sentimiento de abandono incluso por parte de Dios. Y, sin embargo, ese preciso momento es la piedra angular de la nueva creación, el momento en el que Dios comenzó a hacer nuevas todas las cosas.

## No temer al mal

El tercer cántico cuenta cómo el Siervo, continuando su misión, se enfrenta al rechazo de los hombres, experimentando en su propio pellejo un gran sufrimiento y un tormento íntimo. Para comprender las razones de este trágico destino, hay que comprender por qué quienes viven en la oscuridad y el sufrimiento se muestran tan hostiles y refractarios a la obra de salvación. El tema es recurrente en el evangelio, e incluso Jesús tuvo su experiencia personal: los enfermos más graves son los que no son conscientes de estar enfermos, las personas más feroces y violentas son las que se consideran justas. Por eso la misión del Siervo choca con el rechazo y la violencia: la luz que él trae pretende llegar a quienes, de muy buena gana, están en las tinieblas. Es tremendamente ingenuo pensar que el bien puede generar inmediatamente más bien. Esto sucede cuando se está ante un corazón puro, reconciliado y sanado. Generalmente, el bien saca a relucir la rabia y el odio, la envidia y la agresividad, porque desenmascara las tinieblas, indicando un camino mejor, como dice Jesús a Nicodemo en su diálogo nocturno: «Pues todo el que obra el mal detesta la luz, y no se acerca a la luz, para no verse acusado por sus obras» (Jn 3,20). El Siervo, sin embargo, no da marcha atrás, sino que decide continuar con su misión:

Ofrecí la espalda a los que me golpeaban,
las mejillas a los que mesaban mi barba;
no escondí el rostro ante ultrajes y salivazos (Is 50,6).

El Siervo persevera en el camino indicado por el Señor, renunciando a cualquier vía de escape. Acepta ser rechazado para vivir su misión sin reservas, incluso cuando comienza el tiempo del sufrimiento. Para ello se ve obligado a beber el cáliz amargo del rechazo, dejándose destruir por la violencia hasta el punto de ser odiado sin ningún motivo.

En el último cántico se habla de la muerte del Siervo, en un trágico epílogo de pasión y muerte. El texto se abre con un oxímoron que da también la clave interpretativa de todo el itinerario que ha seguido:

Mirad, mi siervo tendrá éxito,
subirá y crecerá mucho.
Como muchos se espantaron de él
porque desfigurado no parecía hombre,
ni tenía aspecto humano,
así asombrará a muchos pueblos,
ante él los reyes cerrarán la boca,
al ver algo inenarrable
y comprender algo inaudito (Is 52,13-15).

Mientras está desfigurado por el mal recibido, hasta el punto de que ya ni siquiera parece un hombre, el Siervo se presenta como quien, en su fracaso, es honrado, exaltado y enaltecido. Incluso, los reyes y los poderosos de la tierra cierran la boca ante de él, en señal de respeto y asombro. Esta capacidad de absorber y derrotar al mal no se puede improvisar, sino que madura lentamente, paso a paso, a través de la oración y de la escucha de la palabra de Dios: «Creció en su presencia como brote, como raíz en tierra árida» (Is 53,2). Despreciado, desecho de la humanidad, hombre de dolores, avezado al sufrimiento, como uno ante el cual se oculta el rostro, era despreciado y desestimado (Is 53,3).

Esta mansedumbre interior permite al Siervo dejarse manipular por la violencia de sus enemigos, consintiendo al Señor que cargara «sobre él todos nuestros crímenes» (Is 53,6). Esto no quiere decir que el siervo reciba un castigo que, en realidad, no merecía, sino que, en él, en su cuerpo y en su alma, llega el mal sin poder volver a salir, porque su lenguaje es el del amor y el perdón. Por supuesto, el mal puede destruir al Siervo, pero no puede activar, por su parte, ninguna respuesta mala y violenta. Al final de su camino, el Siervo descubre que ha realizado la obra espiritual más noble y poderosa de la que nuestra humanidad es capaz: la oración de intercesión.

Porque expuso su vida a la muerte
y fue contado entre los pecadores,
él tomó el pecado de muchos
e intercedió por los pecadores (Is 53,12).

Precisamente en el momento en que ha experimentado una pobreza radical, de éxito y de reconocimiento, el Siervo pudo absorber en sí el mal, transformándolo y haciéndolo llegar a ser una posibilidad de salvación para muchos. La oración de intercesión se realiza solo así, en el marco de una renuncia de nosotros mismos y de una solidaridad concreta con los hermanos y con su pecado. Efectivamente, interceder no significa arrodillarse ante Dios para convencerlo de que tenga misericordia o para indicarle algunos casos especialmente necesitados de su atención. Dios está ya más que convencido de que quiere hacer el bien y tiene los ojos bien abiertos y atentos a todas sus criaturas.

Interceder significa, más bien, convencer a nuestro corazón de la suave bondad de Dios, hasta el punto de convertirnos en ese deseo suyo de bien. Llegar a la oración de intercesión significa conseguir encarnar, sin miedo y sin vergüenza, ese profundo deseo de salvación que Dios tiene para todos los seres humanos vivos. El que intercede ofrece sus miembros, su carne y su sangre, para que el corazón de Dios tenga una tienda donde poder irradiar su fuerza de amor. Esta es la cumbre más alta a la que puede llegar el camino de nuestra oración: dejarse amar y llamar por Dios hasta el punto de llegar a convertirse, en el tiempo y en el espacio, en una morada donde habita su inquebrantable esperanza de vida para todas sus criaturas.

# 5
# Perder el control

## Ver a Dios

¿Cuál es el objetivo último de la oración? La gran respuesta de la tradición espiritual, no solo cristiana, es una sola: contemplar el rostro de Dios. No se trata solo de «asomarse» a algo del Eterno ya en este mundo, sino de llegar al conocimiento de su misterio, después de haber adquirido alguna experiencia a lo largo de la vida. Esta meta, a la que puede conducir la oración, está en perfecta sintonía con el camino propuesto hasta ahora en las páginas de este libro. Si orar significa descubrirse habitado por el Espíritu, dejarse purificar la mirada por su llama de amor, para después implicarse en las circunstancias de la vida con plena responsabilidad, entonces podemos decir que el fruto de la auténtica oración no puede sino coincidir con un conocimiento profundo de Dios.

En la Antigüedad, «conocer» y «ver» se consideraban dos experiencias muy similares, hasta el punto de que, en algunas lenguas, por ejemplo el griego, los dos verbos compartían la misma raíz. En la Biblia el tema del conocer/ver a Dios se presenta bajo la sombra de una gran sospecha y también dentro de una cierta ambigüedad. Por un lado, los textos sagrados afirman que la visión de Dios es una experiencia inaccesible al hombre, como lo atestigua el diálogo entre Moisés y el Señor en el monte de la Alianza:

> Entonces, Moisés exclamó: «Muéstrame tu gloria». Y Él le respondió: «Yo haré pasar ante ti toda mi bondad y pronunciaré ante ti el nombre del Señor, pues yo me compadezco de quien quiero y concedo mi favor a quien quiero». Y añadió: «Pero mi rostro no lo puedes ver, porque no puede verlo nadie y quedar con vida». Luego dijo el Señor: «Aquí hay un sitio junto a mí; ponte sobre la roca. Cuando pase mi gloria, te meteré en una hendidura de la roca y te cubriré con mi mano hasta que haya pasado. Después, cuando retire la mano, podrás ver mi espalda, pero mi rostro no lo verás» (Éx 33,18-23).

Por otro lado, hay episodios bíblicos en los que parece que la visión de Dios se concede a unos testigos escogidos. El primero es precisamente Moisés, junto a Aarón y otros ancianos de Israel: «Vieron al Dios de Israel: bajo sus pies había como un pavimento de zafiro, brillante como el mismo cielo [...]. Vieron a Dios y después comieron y bebieron» (Éx 24,10-11). Pero ya Abrahán, en el monte de la prueba, había experimentado un encuentro con Dios y su voluntad que culminó en un momento de visión mutua: «Abrahán llamó aquel sitio "El Señor ve", por lo que se dice aún hoy "En el monte el Señor es visto"» (Gén 22,14). Y luego está el largo camino recorrido por Job que, pasando a través del misterio del sufrimiento inocente, se ve finalmente obligado a revisar cada una de las ideas que se había hecho de Dios y de la vida humana, confesando: «Te conocía solo de oídas, pero ahora te han visto mis ojos» (Job 42,5).

Reflexionando sobre esta paradoja de un Dios que no quiere ser visto pero que no logra permanecer demasiado escondido, comprendemos cómo la perspectiva de llegar a la contemplación de su rostro puede ser verdaderamente el horizonte en el que la oración madura su destino y llega a su feliz cumplimiento. Después de todo, es precisamente la revelación cristiana la que arroja una última y definitiva luz sobre este misterio de conocimiento posible e inaccesible, declarando posible la visión del Padre a través de la carne humana del Hijo (cf. Jn 1,18).

En las Bienaventuranzas, Jesús vinculará esta posibilidad de alcanzar la visión de Dios con una promesa de felicidad, cuando diga: «Bienaventurados los limpios de corazón, porque ellos verán a Dios» (Mt 5,8). Singular es el comentario del pobrecillo de Asís sobre este pasaje evangélico: «Verdaderamente puros de corazón son los que desdeñan las cosas terrenales y buscan las celestiales, y nunca dejan de adorar y ver al Señor Dios, vivo y verdadero, con corazón y ánimo puros» (Advertencia XVI). Con el acontecimiento de la encarnación del Verbo no solo se ha rasgado el velo que mantenía oculta la imagen de Dios, sino que incluso se ha abierto la oportunidad de percibir su presencia en todo y en cualquier situación, a partir de una luz y una pureza interiores que se refinan precisamente a través del camino de la oración.

En la tradición judía podemos descubrir otra idea que nos hace comprender por qué la visión del rostro de Dios es una experiencia, si no prohibida, al menos muy prohibitiva, aunque nosotros, los cristianos, creemos que ahora podemos considerarlo plenamente accesible en Jesucristo. Observando atentamente los textos sagrados, los rabinos desarrollaron la convicción de que el rostro de Dios no es único, sino múltiple. Su diferente manera de presentarse, de hablar y de actuar a lo largo de la historia de la salvación ha permitido a los comentaristas de todos los tiempos hablar no tanto del «rostro», sino de los «rostros de Dios», con los que el Altísimo acompaña, corrige, consuela y alienta el camino de sus hijos por los senderos del mundo. He aquí otra explicación inteligente de por qué al hombre le es imposible sondear la imagen del rostro de Dios. Si el hombre encadenara su memoria –y por tanto también sus expectativas– a una imagen de Dios condicionada por determinadas circunstancias, por coherencia, entonces le resultaría difícil reconocer el mismo rostro en circunstancias diferentes. ¿No es este, después de todo, el gran problema también en nuestras relaciones humanas? Cuando identificamos al otro dentro de un esquema y de unas expectativas que nos hemos construido, corremos el riesgo de congelar la relación, exponiéndonos al gran peligro de no poder reconocerlo ya cuando él se vea obligado a mostrar un rostro diferente para poder afrontar la realidad.

Este es el motivo por el que, en los evangelios, la curación de la vista es el milagro más determinante, como indica el evangelista Marcos al presentar nada menos que dos episodios de la restitución de la capacidad de ver, en el centro de su relato. El primero es el del ciego de Betsaida, que experimenta una curación en dos momentos. Al final del primer momento, el ciego solo puede ver a los demás como árboles que caminan. Después de una segunda imposición de manos de Jesús, el milagro llega finalmente a su fin: «Estaba curado y veía todo con claridad» (Mc 8,25). Este prodigio ocurre justamente antes del reconocimiento de Jesús como el Cristo por parte de Pedro, al que seguirá el primer anuncio de la Pasión que cegará inmediatamente la vista de Pedro y de los demás discípulos. La secuencia de los acontecimientos es muy clara: así como el ciego ha necesitado dos momentos de curación para ver todo con claridad, también los discípulos podrán contemplar el rostro de Dios en Cristo solo después de la dramática etapa de la cruz.

En el segundo relato, el valor simbólico del milagro aparece de forma aún más evidente. Dos discípulos, los hijos de Zebedeo, acaban de pedirle a Jesús poder sentarse junto a él en su gloria. Jesús les explica que eso no se puede pedir, pero, sobre todo, que no es la petición que conviene hacerle a Dios. Inmediatamente después, en la ciudad de Jericó, se presenta un ciego que parece saber bien cuál es la petición correcta que se debe hacer. A la pregunta, ya hecha a los dos discípulos («¿qué queréis que haga por vosotros?»), el ciego responde con gran convicción: «*Rabbuni*, que recobre la vista» (Mc 10,51). El Señor, en este caso, ni siquiera necesita hacer nada: se limita a ratificar lo que la fe hace posible:

> Jesús le dijo: «Anda, tu fe te ha salvado». Y al momento recobró la vista y lo seguía por el camino (Mc 10,52).

La contemplación a la que tiende la oración no es una experiencia aislada de bienestar interior, en la que uno olvida la lucha de vivir y se sumerge en un cálido refugio espiritual. Es, más bien, la capacidad de volver a abrir bien los ojos a la realidad, hasta descubrir un camino a seguir, incluso donde el miedo de sufrir y el temor a equivocarse habían logrado bloquear nuestros pasos. Orar hasta ver a Dios significa tener la fuerza de levantarse y caminar, con la confianza de que siempre es posible volver a empezar a vivir, a partir de lo que hemos sido y de lo que estamos siendo. En una nueva esperanza del corazón.

## Reconocer el amor

El camino hacia la contemplación de Dios puede considerarse la aventura más apasionante de toda la vida. Como seres mortales, aunque marcados por un destino de eternidad, poder descubrir el nombre, el rostro, la esencia de nuestro verdadero origen y nuestro destino último representa realmente la cumbre del conocimiento al que podemos aspirar en este mundo. La pregunta sigue siendo: ¿por qué el camino de una oración capaz de llevarnos a esta meta es en realidad tan largo y tortuoso, con resultados que nunca pueden darse por sentados?

Entre los relatos de apariciones del Resucitado conservados en los evangelios, hay uno que puede servir para aclarar cuál es el punto crítico en el que el itinerario de la oración se puede abrir o cerrar a la experiencia de la visión/conocimiento de Dios. Se trata de un pasaje muy conocido, el de los dos discípulos que, después de la muerte de Jesús, parten tristes hacia una aldea llamada Emaús, a unos once kilómetros de Jerusalén. En el camino hablan entre ellos de todo lo que le acaba de pasar al Maestro. Saben que era un profeta poderoso en obras y palabras, que había sido declarado culpable por las autoridades judías para luego ser condenado y crucificado por el Imperio romano, y que ahora yace en un sepulcro, aunque algunas mujeres dicen que ha salido de allí y ahora está más vivo que nunca. Lo saben todo, incluso el presagio de la Resurrección, pero siguen inmersos en las tinieblas de un gran desaliento. Mientras hablan de estas cosas, «Jesús en persona se acercó y se puso a caminar con ellos. Pero sus ojos no eran capaces de reconocerlo» (Lc 24,15-16). La escena es sugerente y provocativa: ¿cómo es posible que, a pesar de ver el cuerpo de Jesús, los discípulos no puedan contemplar el misterio de su persona, ahora resucitada y que vive junto a ellos? La misma pregunta podría plantearse en otros términos para cuestionar la experiencia de la oración: ¿cómo es que, a pesar de orar con constancia y asiduidad, puede ser que no se llegue nunca a la etapa de la contemplación? La reacción de Jesús da una pista de respuesta:

Entonces él les dijo: «¡Qué necios y torpes sois para creer lo que dijeron los profetas! ¿No era necesario que el Mesías padeciera esto y entrara así en su gloria?» (Lc 24,25-27).

Los discípulos no logran entrar en la contemplación del Resucitado porque su corazón está afectado por dos enfermedades: la necedad y la torpeza a la hora de confiar en Dios y en sus promesas. Esta, al fin y al cabo, es la razón por la que nuestros ojos se apagan a menudo ante la realidad. No son las cosas las que están equivocadas, ni siquiera es que nosotros seamos imperdonables. Es simplemente el hecho de que nuestro corazón todavía no logra captar la realidad profunda de lo que estamos viviendo. Todo esto se aplica también al camino de la oración. A medida que avanzamos en la meditación de la palabra de Dios, en el rezo de oraciones y en la participación en las liturgias, nos acercamos tanto a Dios que tocamos una comunión íntima y profunda con el misterio de su vida. Sin embargo, queda por dar un último paso, decisivo para disfrutar de la contemplación de su rostro y experimentar la mayor felicidad que se nos concede en este mundo. Se trata de creer que el modo de obrar de Dios es verdaderamente lo más hermoso y justo del mundo. Los discípulos de Emaús no estaban aún convencidos. Para ellos la cruz era solo la negación de todo lo que esperaban y deseaban. Querían una resurrección diferente, que no pasara por el túnel del sufrimiento y de la muerte. No habían comprendido todavía que la Pasión de Jesús no había sido un accidente, sino una etapa fundamental para que pudiera manifestarse la verdadera vida, la que es capaz de amar incluso a los enemigos. Jesús los toma de la mano y los ayuda a recorrer el tramo más exigente y sublime de la oración: aquel en el que se llega a contemplar la imagen del amor crucificado, una manera de vivir y de morir capaz de derrotar a la muerte porque es más fuerte que el odio.

Reflexionando sobre este episodio podemos comprender mejor lo que podemos esperar de la experiencia de la contemplación en sentido cristiano. Si nos fijamos en la etimología latina, descubrimos que el término se compone de dos palabras: la preposición «*cum*», «con», y el sustantivo «*templatio*», que contiene una referencia a *templum*, «templo», pero también a la raíz «*temno*», «recortar». Los antiguos sacerdotes solían hacer precisamente eso: «recortar» un trozo de cielo para luego escudriñarlo en busca de un mensaje divino capaz de revelar el futuro. Con el nacimiento de los lugares de culto,

esta actividad se trasladó al templo, lugar de fron-
tera entre el cielo y la tierra, donde el tiempo y el
espacio se encuentran con la trascendencia de Dios.
Desde esta perspectiva, el contemplativo es alguien
que logra vivir inmerso en la historia concreta con
la mirada siempre abierta también a la historia
eterna, que se ha revelado en Jesucristo. El hombre
o la mujer de oración no es, por tanto, la persona
que, por el hecho de haber abierto ampliamente la
mirada al misterio de Dios, puede permitirse el lujo
de cerrar los ojos al drama de la realidad. Más bien,
es quien, habiendo puesto su mirada con amor bajo
el signo de la cruz y la Resurrección, es capaz de
descubrir la presencia de Dios incluso donde otros
solo pueden ver el mal y la injusticia. Es, fundamen-
talmente, un optimista, que no se desanima porque
sabe y cree que, en toda situación, incluso la más
incierta y dolorosa, Dios es capaz de llevar adelante
su plan de amor a todas sus criaturas.

Este modo de entender la contemplación es aún
más explícito si atendemos a la etimología griega
del término, que el evangelista Lucas utiliza precisamente cuando tiene que presentar la muerte de
Jesús en la cruz como un «espectáculo» (Lc 23,48),
frente al cual solo se puede volver a casa golpeán-
dose el pecho. El término usado en el evangelio es
«theoría», que literalmente significa «ver en visión».
Se alude a una mirada que traspasa el velo de la

realidad y se descubre capaz de reconocer algo más que lo simplemente observable. Para los padres espirituales, tener el don de la *theoría*/contemplación significa volverse capaz de observar todo a partir de la revelación del amor que Dios realizó en la cruz de su Hijo.

Se trata de una altísima cumbre de conocimiento y de visión, que permite a quienes participan de ella captar en cada fragmento de la realidad, especialmente en el más herido y desfigurado, el misterio de la misericordia revelado por la sangre del Hijo de Dios crucificado por el hombre. También desde esta perspectiva, el contemplativo no es más que un hombre capaz de tener siempre esperanza, incluso en las circunstancias más negativas y desfavorables, porque ahora ya es partícipe de ese espectáculo de amor que Dios ha inaugurado en la Pascua de su Hijo y que nunca terminará.

A la luz de estas referencias, podemos decir que contemplar a Dios significa valorar su modo de ser y apreciar el estilo de su amor, hasta el punto de saber reconocerlo siempre. Cuando esta confianza surge como una luz invencible en lo más profundo de nuestro corazón, descubrimos que podemos vivirlo todo dentro de los contornos de una paz grande y serena. Y nos damos cuenta de que queremos experimentar y suscribir ese destino de amor que otros hombres y mujeres, antes que nosotros, han vivido y testimoniado con la sangre de su misma vida:

A Dios nadie lo ha visto nunca. Si nos amamos unos a otros, Dios permanece en nosotros y su amor ha llegado en nosotros a su plenitud. En esto conocemos que permanecemos en Él, y Él en nosotros: en que nos ha dado de su Espíritu. Y nosotros hemos visto y damos testimonio de que el Padre envió a su Hijo para ser Salvador del mundo. Quien confiese que Jesús es el Hijo de Dios, Dios permanece en él, y él en Dios. Y nosotros hemos conocido el amor que Dios nos tiene y hemos creído en él. Dios es amor, y quien permanece en el amor permanece en Dios y Dios en él (1Jn 4,12-16).

## Libres y auténticos

¿Qué consecuencias conlleva alcanzar la visión del rostro y del misterio de Dios? Una lenta e imparable transformación de nuestra humanidad hacia esa semejanza con Dios, anunciada desde el principio en las Escrituras. Mientras los cristianos occidentales hablan de este proceso en términos de santificación, los orientales prefieren calificarlo como una verdadera divinización del hombre. Hay en la Biblia dos pistas que nos autorizan a creer que este es efectivamente el destino al que conduce el arte de la oración fiel e incesante:

> Queridos, ahora somos hijos de Dios y aún no se ha manifestado lo que seremos. Sabemos que, cuando Él se manifieste, seremos semejantes a Él, porque lo veremos tal cual es (1Jn 3,2).

La visión de Dios, que comienza en este mundo y se cumple en la eternidad, es un acontecimiento trasfigurante. Mientras fijamos la mirada en la naturaleza de Dios, que es el amor del Padre y del Hijo en el único Espíritu, nuestra naturaleza de hijos amados toma forma y madura, haciéndonos a su vez capaces de vivir el mismo amor. También san Pablo está convencido de ello, hasta el punto de comparar la gloria de Dios con una fuerza capaz de fijar de nuevo los contornos de todas las cosas, sobre todo nuestros rasgos:

> Mas todos nosotros, con la cara descubierta, reflejamos la gloria del Señor y nos vamos transformando en su imagen con resplandor creciente, por la acción del Espíritu del Señor (2Cor 3,18).

Surge entonces una pregunta: ¿qué sucede si dejamos que el Espíritu del Señor, que actúa en nosotros durante la oración, nos transforme en la imagen misma de Dios, haciendo que nuestra humanidad asuma los rasgos de su divinidad? El testimonio de quienes se aventuraron más que nadie en la oración –los santos– nos dice que la contemplación de Dios nos empuja a una profunda liberación interior, donde nuestro esfuerzo ya no cuenta casi nada, mientras que es fundamental nuestro continuo asentimiento. El Espíritu realiza nuestros deseos más profundos, pero lo hace de una manera paradójica, completamente diferente a como lo habíamos imaginado.

Un ejemplo, entre todos, podría ser la libertad interior redescubierta que Cristo quiere crear en quien se deja guiar interiormente por su Espíritu: «El Señor es el Espíritu; y donde está el Espíritu del Señor, hay libertad» (2Cor 3,17). Esta libertad, que la Escritura califica como «firme» (Heb 10,23) y plenamente «nuestra» (Gál 2,4), los autores sagrados la describen como la posibilidad definitiva de vivir todas las zonas de nuestra vida como hijos, no como esclavos:

Para la libertad nos ha liberado Cristo. Manteneos, pues, firmes, y no dejéis que vuelvan a someteros a yugos de esclavitud (Gál 5,1).

Si no hay noticia más hermosa que la de poder ser finalmente hombres y mujeres capaces de manifestar nuestra propia singularidad, debemos admitir que muchas veces somos precisamente nosotros el mayor obstáculo para la expansión serena y responsable de esta libertad concedida. La tentación de volver a patrones y lógicas tranquilizadoras, que nos transmiten los demás y la cultura en la que estamos inmersos, siempre está a la vuelta de la esquina.

Por ejemplo, hoy todos alentamos el mito del éxito porque, en la sociedad de masas que hemos construido, el imperativo es actuar para distinguirnos continuamente de los demás. Sin quererlo, pero también sin poder negarnos, vivimos en una especie de competición colectiva en la que nos vemos obligados a ganar o perder, mientras se hace un enorme esfuerzo simplemente para seguir siendo nosotros mismos. A todos nos seduce un mito imposible de perfección, por el que se sacrifican todas las cosas y las relaciones más bellas.

Aunque no parezca que haya alguien dando órdenes desde arriba, cada día nos encontramos corriendo como locos para ser impecables en nuestra forma de vestir, de trabajar y de vivir las relaciones de amistad y de amor. Todos parecemos estar inscritos en una especie de concurso de talentos colectivo, donde tenemos que lucir el mejor perfil y ocultar clandestinamente el peor. De esta manera, nos condenamos nosotros solos a tener que ser necesariamente inauténticos ante los demás, pero, al final, también ante nosotros mismos. Caemos en el engaño de creer que podemos ser amados y apreciados en la medida en que nos mostremos buenos, dignos de confianza y sin defectos.

De esta moderna forma de esclavitud, la oración puede liberarnos de manera sorprendente, si prestamos atención a lo que realmente buscamos a través de ella. El gran engaño podría ser pedirle a Dios que nos fortalezca o nos cure esa debilidad que nos impide ser fuertes, exitosos y perfectos como el mundo nos exige y una parte de nuestro corazón desea.

En esta trampa cayeron también los discípulos, esperando obtener de Jesús toda una serie de ventajas y privilegios que correspondían a sus ídolos y no realmente a una felicidad auténtica y posible. El evangelio los dibuja como pendencieros y competitivos hasta la víspera de la muerte de Jesús, incapaces de contemplar el océano de amor que estaba a punto de revelarse en la cruz y en el que también ellos se verían sumergidos después de su Resurrección. Se creían buenos y fuertes –o al menos que tenían que serlo a toda costa–, pero solo cuando descubrieron y aceptaron su propia fragilidad ante el rostro misericordioso de Cristo, comprendieron dónde estaba la verdadera felicidad. No en la capacidad de ser perfectos, sino en la posibilidad de dejarse amar:

Así que muy a gusto me glorío de mis debilidades, para que resida en mí la fuerza de Cristo. Por eso vivo contento en medio de las debilidades, los insultos, las privaciones, las persecuciones y las dificultades sufridas por Cristo. Porque cuando soy débil, entonces soy fuerte (2Cor 12,9-10).

Este testamento del apóstol Pablo puede ser un excelente criterio para comprobar en qué medida la oración no solo nos está haciendo sentir bien, sino que nos está ayudando a ser personas libres y (más) auténticas. Desde que nuestros progenitores se escondieron detrás de un matorral y comenzaron a cubrir su intimidad con una máscara improvisada, el gran mal del que Dios tiene que salvarnos es la vergüenza de no poder presentarnos tal como somos en la cita con la vida y en el encuentro con los demás.

La salvación que nos infunde la oración no es el hechizo que nos transforma en seres perfectos, impasibles e imposibles. Es la intensidad fiel y segura de un amor que, al ayudarnos a abrazar profundamente todo lo que somos, nos da la libertad de no tener que fingir más, sino de poder mostrarnos siempre auténticos. Tanto cuando nos descubrimos capaces de hacer cosas buenas, verdaderas y hermosas, como cuando caemos en el engaño del pecado y desperdiciamos las oportunidades que la vida nos ofrece. Entrar y permanecer en esta libertad es el buen combate que la oración nos pide afrontar.

## Finalmente, vivir

Una cosa importante a la hora de aprender un arte es saber luego dejarlo de lado, después de haber asimilado sus principios y su técnica. La oración no está exenta de esta regla tan útil y liberadora. De hecho, al continuar orando, podríamos llegar a aficionarnos tanto a este gesto que comencemos a hacerlo por sí mismo, olvidando que todo instrumento nos sirve en la medida en que nos permite alcanzar el fin para el que lo utilizamos.

¿Cuál es la razón por la que entramos y perseveramos en la oración? Una frase del monje Casiano nos ofrece una sugerencia para empezar: «La oración no es aún perfecta mientras el monje sea consciente de ella y sepa que está orando». Si no se nos indica el objetivo final de la oración, al menos podemos identificar cuál es el límite que debemos cruzar si queremos que nuestra oración llegue a buen término. Se trata de permanecer fieles a ella hasta el día en que dejemos de ser conscientes de todo eso que durante mucho tiempo ha requerido de nosotros vigilancia, atención, rigor, creatividad, paciencia, esfuerzo y amor. No es una indicación tan extravagante, porque en todas las disciplinas las reglas que hay que seguir con gran escrúpulo al principio se convierten, con el paso del tiempo, en gestos que ni siquiera nos damos cuenta de que estamos haciendo.

Podríamos ir más lejos, reflexionando sobre una descripción que Tomás de Celano hace de la oración de san Francisco: «No era tanto un hombre que ora, sino que más bien él mismo se había transformado completamente en oración viva» (*Fuentes Franciscanas*, 682). La conexión con la vida es, quizás, el verdadero punto de llegada del camino de la oración, la respuesta a todas las preguntas sobre su finalidad última. ¿Qué hay que hacer después de orar? ¿Adónde quiere llevarnos la oración? ¿Para qué sirve perseverar en la oración? Simplemente para vivir. Y para hacerlo con la mayor libertad y autenticidad posibles. La oración no es la prestación definitiva, donde corremos el riesgo de no sentirnos nunca tranquilos con nuestra conciencia, ni en paz con Dios y con los demás. Por el contrario, si permitimos que los momentos de oración suavicen y simplifiquen nuestro corazón, al final de un camino espiritual solo podremos sentirnos más humanos, más verdaderos, más libres para existir sin ningún ansia de rendimiento. Si acaso, llenos de un humilde deseo de poder involucrarnos con todo y con todos, sin ningún miedo de perdernos a nosotros mismos ni nuestra libertad.

Mencionemos por última vez a san Francisco y su original comprensión de la felicidad posible para quien se deja amaestrar por el Espíritu. En el célebre relato de las *Florecillas* sobre la «verdadera y perfecta alegría», el pobrecillo de Asís explica al hermano León dónde reside, según su opinión, el secreto de la auténtica alegría. No en una maravillosa expansión de la Orden de los Frailes, ni en su capacidad de convertir al Evangelio a todos los pueblos, incluidos los infieles. Para Francisco, la verdadera alegría reside en la forma de reaccionar cuando los demás, especialmente los amigos y las personas más cercanas, no nos acogen o incluso rechazan nuestra presencia, percibida como hostil o molesta. Precisamente, él está viviendo esta experiencia con sus frailes, que ahora ya numerosos, querrían emanciparse de él y de su radical experiencia evangélica: «Pues bien, si yo tuve paciencia y no me alteré, yo te digo que aquí está la verdadera alegría y la verdadera virtud y la salvación del alma» (*Fuentes Franciscanas*, 278).

Se podría pensar que Francisco, a fuerza de orar, ha desarrollado una especie de impasibilidad ante los acontecimientos negativos y que esto le ha permitido mantener la calma incluso en situaciones objetivamente muy dolorosas. Este ideal estoico, perseguido por muchas filosofías, occidentales y orientales, antes y después de Cristo, no es la mejor comprensión de la experiencia de Francisco. Como buen oyente del Evangelio y discípulo apasionado de Cristo, el Santo de Asís, con la historia sobre la perfecta alegría, quiso decir que la felicidad no es solo un sentimiento placentero, sino una forma de inteligencia ante las cosas, que únicamente se puede alcanzar a través del poder del Espíritu.

No reaccionar mal cuando nos encontramos en penosas circunstancias certifica que nuestra oración ha convencido a nuestro corazón de que ya no es el momento de responder al mal con otro mal. Tener paciencia y saber preservar en la paz, incluso en medio de grandes tribulaciones, es la forma de vida más libre y grande que podamos asumir.

Por lo demás, la sensibilidad de Francisco de Asís está en perfecta armonía con lo que el Señor Jesús anunció al comienzo de su ministerio público:

Bienaventurados los pobres en el espíritu,
porque de ellos es el reino de los cielos.
Bienaventurados los mansos,
porque ellos heredarán la tierra.
Bienaventurados los que lloran,
porque ellos serán consolados.
Bienaventurados los que tienen hambre y sed de
    la justicia,
porque ellos quedarán saciados.
Bienaventurados los misericordiosos,

porque ellos alcanzarán misericordia.
Bienaventurados los limpios de corazón,
porque ellos verán a Dios.
Bienaventurados los que trabajan por la paz,
porque ellos serán llamados hijos de Dios.
Bienaventurados los perseguidos por causa de la justicia,
porque de ellos es el reino de los cielos.
Bienaventurados vosotros cuando os insulten y os persigan y os calumnien de cualquier modo por mi causa.
Alegraos y regocijaos, porque vuestra recompensa será grande en el cielo, que de la misma manera persiguieron a los profetas anteriores a vosotros (Mt 5,3-12).

En las Bienaventuranzas, la oración y la vida están unidas y cohesionadas, porque afirman que la verdadera alegría no debe buscarse fuera, sino dentro de los confines de la realidad. Nos aseguran que no es cierto que todos estemos destinados a la felicidad, sino exactamente todo lo contrario: la felicidad está destinada a nosotros, desde siempre, por Dios que es nuestro Padre. La clave de la auténtica alegría no está por encima de nuestros deseos frustrados, sino en el fondo de la capacidad de reconocer y aceptar lo que somos. Las Bienaventuranzas son la invitación a acoger con gratitud la realidad, incluso cuando no parece fácil ni agradable. Las Bienaventuranzas proponen rechazar la ilusión de que la vida solo puede mejorar por la llegada de algo del exterior, considerado más verdadero, más bello y más significativo que lo que somos y que las posibilidades que tenemos. La realidad, tal como es, con sus luces y sombras, siempre puede convertirse en un lugar y un camino de felicidad. Cuando nuestro corazón llega a convencerse de que las cosas son exactamente así, más que en mil otros términos, la oración se ha logrado en nosotros definitivamente. El Espíritu ha logrado generar en nosotros una nueva criatura, amada por Dios, libre de vergüenza, libre del miedo a la muerte y al sufrimiento:

Entonces podemos seguir viviendo.
Y no dejar nunca de amar.
Por fin, vivos.

# Conclusión

La oración no es imposible, es solo difícil. La razón no es que sea una disciplina sofisticada, que requiere una inteligencia o una sensibilidad especiales, de las que muchas personas generalmente carecen. Si así fuera, la oración no podría ser el camino por el que toda criatura aprende a reconocer y a alabar a su Creador. Es más, en la historia de la espiritualidad, los mejores orantes han sido muy a menudo las personas más sencillas, a veces incluso ignorantes, que han desarrollado, con los instrumentos a su disposición, una gran apertura y una rica sensibilidad a las huellas de Dios diseminadas en su propio corazón y en la realidad en la que se encontraban.

La dificultad de la oración, que hemos tratado de ilustrar e iluminar en las páginas de este libro, se debe a que cuando nos dirigimos a Dios de manera lúcida y explícita no podemos más que convertirnos en nosotros mismos, tratando de ser una armonía y no ya un conjunto de separaciones. La oración es uno de los lugares privilegiados –quizás el único– donde, a la larga, no podemos fingir, sino que debemos intentar recomponer la fragmentación de nuestro vivir y de nuestro sentir. Para hacer de esta actividad espiritual una experiencia estable y no solo ocasional, el único precio a pagar es la disponibilidad de dejar que la paciencia de Dios sane y recomponga todo lo que aún coexiste en nosotros de manera separada y forzada.

Independientemente de cómo empecemos a orar, pronto descubrimos que, al menos ante el amor eterno de Dios, los opuestos pueden –más aún, deben– reconciliarse pronto: rigor y amor, dureza y dulzura, verdad y misericordia, pecado y gracia, movimiento y quietud. Todos esos divorcios, que aceptamos fácilmente en la realidad cotidiana, poco a poco se vuelven inadmisibles en la oración. En la medida en que logremos quedarnos con perseverancia ante el rostro de un Padre que, habiéndonos dado a su Hijo, ya nos lo ha dado todo, cualquier residuo de miedo, ira, odio, rencor, envidia o tristeza está destinado a desaparecer, dejando espacio a lo que el Espíritu es capaz de generar en un corazón que finalmente se deja amar: «amor, alegría, paz, paciencia, afabilidad, bondad, lealtad, modestia, dominio de sí» (Gál 5,22-23).

Entonces no queda más que probar, pedir, aprender el arte de la oración con todo el deseo y la disciplina de que seamos capaces. Arrojarse al río de los que, antes que nosotros, han intentado pasar de este mundo al Padre, buscando clemencia y luz en ese cielo que –nuestro corazón lo sabe– no puede ser sino nuestro último destino, la única libertad verdaderamente necesaria. El único gesto que nadie puede hacer por nosotros. Gracias a Dios.

# Índice